书山有路勤为径，优质资源伴你行
注册世纪波学院会员，享精品图书增值服务

培训师
进化之路

尤志欣 著

教练型培训师

电子工业出版社
Publishing House of Electronics Industry
北京·BEIJING

图书在版编目（CIP）数据

培训师进化之路：教练型培训师／尤志欣著. —北京：电子工业出版社，2022.1

ISBN 978-7-121-42481-6

Ⅰ.①培… Ⅱ.①尤… Ⅲ.①职业培训 Ⅳ.① C975

中国版本图书馆 CIP 数据核字（2021）第 242658 号

责任编辑：杨洪军
印　　刷：天津千鹤文化传播有限公司
装　　订：天津千鹤文化传播有限公司
出版发行：电子工业出版社
　　　　　北京市海淀区万寿路173信箱　　邮编100036
开　　本：720×1000　1/16　印张：12.25　字数：118千字
版　　次：2022年1月第1版
印　　次：2022年1月第1次印刷
定　　价：59.00元

凡所购买电子工业出版社图书有缺损问题，请向购买书店调换。若书店售缺，请与本社发行部联系，联系及邮购电话：（010）88254888，88258888。

质量投诉请发邮件至zlts@phei.com.cn，盗版侵权举报请发邮件至dbqq@phei.com.cn。

本书咨询联系方式：（010）88254199，sjb@phei.com.cn。

前　言

经常有人问我：教练型培训师是一个什么样的角色？职业教练通常不会给学员建议，而培训师却要对他人传道、授业和解惑，这两个身份结合起来似乎是矛盾的。那么我们如何把这两个不同职业的角色结合在一起呢？这个问题促使我想写本跟教练型培训师相关的书。

如果你是一位希望能真正支持他人持续改变某种行为的教练或培训师，那么本书将会给你提供一些帮助。

教练型培训师的职责是指引他人进入以场域为中心的状态，且能灵活切换发挥教练和培训师的作用。

如果你是一位教练，推荐你优先看本书第二章和第三章培训师能力方面的内容；如果你是一位培训师，推荐你优先看第五章教练核心能力的内容。

我买过很多书，但真正看完的不多。20多年的培训师经历和5年多的职业教练经历将我的学习习惯转化为听觉优先，使得我很难看完整本书。在这里我想邀请和我有一样阅读习惯的读者，带着轻松的状态，与我进行一次"远程的对话"，我们一起来聊一聊培训师的进化之路——教练型培训师。

学习场域

什么是场域？当我们进入组织，环顾四周，观察对话、会议、人们互动方式的时候，你会发现一个组织内部的成员的谈话模式是非常相似的。

例如，某一个组织开会时的氛围：每个人说话都非常客套，比如都是为了取悦老板；另一个组织开会时的氛围：可能每个人都在和别人激烈地争论。

在推动教练文化的组织中，我们会看到另一种会议景象：每个人都尝试与他人进行交流，进行发人深思的对话。

通常来讲，同一组织的成员会自然形成一种大家都一致的场域，而不是这些人在客套，那些人在争论，另一些人又在进行深入对话的画面。

组织就是如此，人们都以默认的模式在对话，进而形成场域。

场域和场地可用同一个词表示：Field。

场域是和人有关的，场地则是物理层面的。

场域和人与人之间的互动有关，即在物理的场地上人们的互动模式。

教授别人知识、领导别人、给别人培训等发生在人和人互动对话时，即发生在场域中。

在培训的场域，当培训师授课、小组学员交流、发言与提问、人们茶歇交谈的时候，一种组织的场域模式也会形成与之匹配的学习场域模式。

当用心观察和感受组织的场域模式时，我们会发现学习场域通常有以下四种类型：

- 权威主导；
- 各抒己见；
- 真诚探询；
- 进化生成。

对这些学习场域用几个词来描述，理解起来可能有些抽象，第四章会介绍更详细的内容。

目　录

第一章

教练与培训师

教练型培训师的职责

我曾经扪心自问：做了那么多年培训工作，培训课到底会给学员带来什么样的效果？怎么才能让培训课真正有效？培训师到底要怎么做才能让组织和学员受益？以下是我从业20年的经验总结。教练型培训师有四大职责。

职责一：营造安全的学习场域

首先，来看安全。"安全"这个词会让我们想到什么？场域安全是指人们在一个环境中可以畅所欲言，不会受到任何评判。

在安全的场域里人们会是什么状态？自由、开放。

在课堂环境中，我们可能会看到以下情境：

上培训课的学员相互并不熟悉：大家会倾向于做别人眼里完美的人，展现他们完美的一面。这十分类似人们在一个公司中的行为表现，特别是那些竞争激烈、强调考核的公司。

构建安全的学习场域，是为了让学员在场域内展现他们的真实性。真实性包括什么呢？学员表达对和不对、应该和不应该、开心和不开心、乐在其中或恐惧和担忧，所有这些状态都是真实的。

不对学员约束和评判是营造安全学习场域的重要因素。

两种行为模式

学员在学习场域中有两种行为模式：保护模式和连接模式。

当人们觉得不安全的时候，保护模式就会出现。相对应出现的应对行为会是"战斗"或者逃避，以及"装死"等。

在现代的金字塔型的组织中，为了使自己的职业生涯有更好的发展，我们会习惯性地将自己完美的一面呈现给别人，即使用保护模式——戴上完美面具。完美面具就是"我做我应该做的"。

戴着完美面具的学员整体呈现的是自我保护与防御的心理状态，而这个状态会影响学员将新的知识与观点"装"入大脑。所以保护模式和完美面具会阻止学员学习进步，也会影响学员的内在动力。

只有当学员真正开始学习时，他们才摘下完美面具，展现自己真实的一面。这种模式称为连接模式。连接模式通常在学员觉得安全的环境中才会呈现，即呈现他真实的一面："我就是这样子的。"如果学员能够呈现自己的真实性，那么这种模式对其学习的有效性和培训效果的提升都会有很大的帮助。

真实呈现是营造安全学习场域的另一个重要因素。

给场域注入能量

作为一位教练型培训师，你需要学会怎么去影响场域。你进入学习场域后培训师自身所带的能量会影响场域，这是教练型培训师的角色优势。

在培训课程开始时，台下通常会坐着几十位学员，其中可能有不少人带着"完美面具"看着你，整个场域会有点"冷"。作为教练型培训师，你可以慢慢地影响场域，比如可以使用一些破冰技巧。但这里提醒一下，有些破冰活动很有效，有些破冰活动却会起反作用。这要看教练型培训师的自身能量状态。

一进入这个场域，大家的注意力就会集中在教练型培训师身上。如果教练型培训师带着评判、严肃、严厉的状态进场，就会给场域带来一种相应的能量；如果带着亲和、包容、接纳的状态进场，就会给场域带来另一种能量。教练型培训师是开放的，带来的就是开放的能量；教练型培训师是完美的，带来的就是完美的能量。

在不同场域，培训的效果也就不同。教练型培训师需要自行觉察身处的场域是哪种情景，从而判断自己该如何去影响和调节场域。

当营造好安全的学习场域之后，就需要教练型培训师履行他的职责二。

◎ 职责二：聆听并回应学员的真实需求

优秀的培训组织和培训师会在培训课程前及培训课程的开始阶段，对学员的学习需求进行调研。这里需要指出，当学员处于保护模式时，培训师比较容易了解学员的理性需求，例如他们为什么来学习，期望通过学习得到什么，需要解决的工作或生活中的问题是什么。如果只满足这些需求，那么学员只是学到对他们来说新的理论知识，他们觉得很有道理但是未必会在实际工作和生活中应用，即无法达到"知行合一"的培训效果。

在课堂上，还存在另一种需求：感性需求。即让学员感受到培训师关注他们，愿意聆听他们的声音，认可他们在课堂上的表现，不评判他们提出的问题。如果培训师能满足学员这些需求，就有可能激发出学员的学习意愿，从而使他们学以致用，日后尝试新的技术、方法。但如果培训师的第一个职责履行不到位，那么在场域安全感不足的情况下，学员可能会呈现出假完美的一面，交流的需求就容易停留在表层，犹如冰山浮现在水上的那部分。

当可以考虑上面提到的学员的理性需求和感性需求，并通过职责一的场域来鼓励学员展现其真实性时，培训师就有很大可能聆听和了解学员学习上的真实需求，而往往这些真实需求才是学员达到知行合一的关键。

在这里，需要提醒各位培训师注意两点：

一是培训师可能没有办法在课堂上满足所有学员的所有需求，这就需要培训师去处理如何做才能取舍和平衡。

二是培训师不仅要满足学员的需求，也要关注自己的需求。思考一下，培训师在授课过程中最乐在其中的事是什么？可能是享受被关注的过程、赠人玫瑰手留余香的教学相长、价值感的实现、看到学员在成长和有突破的内心喜悦等。如果培训师不能在培训的过程中获得积极反馈、满足自己的需求，长此以往，也会影响培训师做培训的内在动力。

📍 职责三：发现内在的盲点

很多培训师会发现，在大多数培训结束后的一段时间，学员会反馈："这些道理我都知道，但是我做不到。"

学习的挑战在于如何跨越知道与做到之间存在的鸿沟，影响学员真正实现知行合一的常见盲点包括限制性的信念、基于恐惧的固化行为模式、长期没有得到满足的需求等，而这些盲点的深层根源是学员都未曾意识到的以及他们身上尚未实现的潜能。

针对还未呈现的水面下的冰山部分，在教练的学习情形中，我们称其为盲点。它是一个人被压抑潜能的症状。盲点没被看见才是知道却做不到的一个重要原因。如果在学习过程中，培训师能够照亮学员潜在的盲点，那么学员改变的内在动力就会大大增强。

潜能

当学员说"我有问题和状况"时，传统的模式是培训师直接表象地回应问题和状况。但一旦把问题和状况看成未实现的潜能，我们看到的人就会不同，培训师传递的状态和能量也会不同，学员看待自己的角度也会不同。

例如，有同学说："老师，我的问题是我上台前总是很紧张。"这是问题，也是学员的潜能。困扰越久的问题，潜能就越多。同时蛰伏的时间越久，就会用越剧烈的方式提醒你：通过潜意识！

通常潜意识不通过语言来呈现，而通过情绪来表达，有时候也通过做梦来提示我们。

如果培训师在课堂上帮助学员照亮内在盲点，然后让其潜能发挥出来，学员的情绪就会自然呈现出来，培训师就会觉察到学员正在展现他的潜能。

◎ 职责四：赋能行为的改变

柯氏四级评估告诉我们：培训课应该专注于对学员的行为持续改变的培养，而不是进行形式化的培训。培训师需要通过发现学员的潜在盲点，鼓励其发挥潜能，才能赋能其形成新的行为习惯。

如果培训课并没有帮助学员的行为发生持续改变，就不能通过柯氏四级评估中的第三级评估（行为改变的评估），培训的有效性就会大打折扣。而如果学员行为发生了变化，那么其在工作上就会对组织绩效产生影响，在生活上也会对关系、生活状态产生影响。

为什么用"赋能"这个词呢？"赋能"不是"你们应该怎么做"，而是帮助学员养成一个新的行为习惯。教练型培训师的语言是富有能量的。当我们去赋能而不是说教的时候，学员潜在的力量就可能被激活。当培训师为了获得利益或为了完成某个工作任务而试图说服学员时，学员就会从内心不认可培训师。从长远来看，这样的互动模式也会影响培训师的内在培训动力。

我有一个念头：当我们在为他人培训的时候，相当于在为全人类服务。

一位领导者的能力有所突破，其积极的精神也会影响整个组织、城市、国家乃至世界各地的领导者；一位家长的改变会影响其所在的家庭、社区、国家乃至世界。当通过培训实现上述四大职责时，培训师自身的潜能也将得以发挥。

🛠 小工具

邀请学员回忆过去曾经参加过的、真正帮助他们在行为层面发生改变的培训课程：

（1）写下培训课程的名字、发生的时间。

（2）当时最触动你的是什么。

（3）因为课程，你改变了什么行为，养成了怎样的新习惯。

（4）后续对你还有哪些影响。

教练型培训师进化之路

教练型培训师的成长有四个阶段：从专注内容的"专家"到吸引学员注意力的"明星"，再到关注学员进步的"教练"，最后进化成"场域大师"。在这个进化过程中，培训师会感觉自己的能量越来越强，学员的注意力也会紧随着培训师的关注点而发生转移。

⚲ 第一培训阶段——以内容为中心

在这个阶段，培训师的注意力聚焦在培训课程的内容上，如课程内容、教学方式、PPT形式、工具等。

作为培训师，首先需要一个自己要传递的核心东西。无论是培训师通过设计课件、开发内容，推出自己的课程，又或者是参加品牌课程的认证，都需要先把课程内容作为关注的中心进行研究。培训课程的内容不仅包括知识，还包括技能和态度。

培训课程的目标有三类：态度（attitude，A）、技能（skill，S）、知识（knowledge，K），简称ASK。它是我们讲的培训的内容，也可以说是培训的骨架。

态度

态度是指通过课程影响或改变学员对某些事物的认知。例如，企业文化类课程的目的就是来帮助大家认同企业文化。例如，价值观课程——积极主动，在内容设计上，知识和技能的部分不会太多，更多的是态度的内容。麻省理工学院斯隆商学院的埃德加·沙因（Edgar Schein）教授提出的强制性说服（coercive persuasion）是目前使用非常广泛且有效的一种态度类学习方法。

强制性说服

强制性说服是指组织采取一定方法，让员工长期处于某种文化信息传播环境中，以达到影响员工对组织文化的认同的目的。大家可能认为"强制"这个词不合适，这里需要说明，强制性说服不是使用暴力进行说服，而是在这个说服过程中，使得某种信息持续存在环境中。

思考题

为什么企业要开早会？开早会通常谈什么？

你所在的组织是如何营造文化氛围的？

为什么很多大型企业或组织会偏向校园招聘，尽管应届生缺乏相关工作的经验？

技能

技能的种类非常多，在诸多培训中，动作技能和认知技能是培训较多的。

动作技能是指通过反复练习巩固下来的、自动化的、完善的动作活动方式。例如，开车、操作设备、诸多生产劳动和体育活动等。

认知技能，也称心智技能，是指借助于专业术语在头脑中进行的动作方式或智力活动方式，包括感知、记忆、想象和抽象思维，以抽象思维为其主要成分。在认识特定事物、解决具体问题时，这些心理活动会按适当的方式自动地进行，这就是认知技能。

以内容为中心进行培训是培训师第一阶段的任务，也是培训的重点，即培训师要传递什么观点、用什么样的模式或者理念。它是一个关于"为什么"的问题，而不仅仅是"是什么"的问题。

思考题

作为培训师，你为什么要讲某个课程的内容？

你想通过培训课程传递什么？

你讲某个课程的理由是什么？

知识

现代认知心理学将知识分为陈述性知识和程序性知识，陈述性知识的培训目标主要是培养学生记忆知识的能力，而程序性知识的培训目标是培养学生依照程序顺利完成某项活动的行动能力。

陈述性知识的学习可以分为三个阶段。

第一阶段：新信息进入短时记忆，与长时记忆中被激活的相关知识建立联系，从而出现新的意义的建构。

第二阶段：新建构的意义贮存于长时记忆中，如果没有复习或新的学习，这些意义会随着时间的延长而被遗忘。

第三阶段：意义的提取和运用。

程序性知识的学习也可分为三个阶段。

第一阶段：与陈述性知识的学习相同。

第二阶段：通过应用规则的变式练习，使规则的陈述性形式向程序性形式转化，即规则开始向活动或行为的技能转化。

第三阶段：规则完全支配人的行为，技能达到相对自动化。

第一培训阶段培训师的能力总结

第一培训阶段培训师应有的能力包括：

（1）制定课程内容；

（2）设计课程的开始、过渡和总结；

（3）掌握内容知识；

（4）制作课件，使用授课工具。

我们将在第二章详细探讨这些能力。

📍 第二培训阶段——以培训师为中心

从以内容为中心到以培训师为中心

以内容为中心的教学，很容易使培训师陷入播放PPT的模式。典型的场景是，大家的注意力都在PPT上，学员忙于拍照，培训师每翻一页PPT，学员就拿手机拍一页。那些PPT很少再被回看和分享。

如果介绍完内容就可以，那么培训师都能做到，但要真正达到有效的培训效果，还有距离。

当培训师在完成第一培训阶段的内容介绍后，授课时的轻松感便会增强，这时候培训师会把注意力转移到如何说、如何做才能把培训内容更好地传递给学员方面。那么在这个阶段，培训师关注的是如何"呈现"。在以培训师为中心的阶段，培训师开始调整学员的注意力，开始精简和优化PPT的内容甚至不看PPT，开始发挥自己的授课技巧，如通过故事和案例进行说明等，这样不仅照顾了学员的思维，也开始调动起学员的情绪，从而使课程内容变得丰富、生动。

克服紧张

从以内容为中心到以培训师为中心的一个重要里程碑

是克服紧张。紧张很容易让大脑"宕机"，使培训师无法从容地发挥其才华。在从事培训师行业的前十年，我在台上讲课时一直有紧张的情绪。这里和大家分享一下克服紧张情绪的方法：

找出使自己紧张的源头

最常见的紧张的源头：保护意识。保护意识起源于生物进化的过程。几千万年前，哺乳动物在群体生存时就有了自我保护意识，即当自己和群体中的其他个人不同时，大脑就会提醒我们：这样不安全！

在课堂上也是这样，通常培训师就是群体中特别的一个个体，尤其是进入第二培训阶段：学员坐着，培训师站着；学员听，培训师讲；学员注意力均在培训师身上，这时候保护意识特别容易影响培训师的情绪，使其紧张，进而引发头脑"宕机"。

设定身份认同

打破保护意识的主要方法是设定身份认同，培训师可清晰地设定自我身份在课堂上的合理性。例如，暗示自己在课堂上培训师坐着讲反而不合常理，培训师的职业角色就需要吸引听众的注意力等。

进行自我对话

据研究统计，常人每天会有上万句无声的自我对话，而这些自我对话经由潜意识对个体的行为将产生极大的作用。授课紧张时，我们可以利用自我对话来释放紧张的情绪，但切记，"不紧张"这句话对缓解紧张非但没有帮助，反而会起反作用。因为潜意识不识别否定词，所以当潜意识听到"紧张"这个词时，反而强化了紧张的情绪。所以克服紧张的自我对话可以用"放松""释放""我是最棒的"等积极的词语。

使用肢体动作

人的身体状态和情绪密切相关，肢体动作会影响人体的内分泌系统，进而影响情绪。这里介绍一个可以有效化解紧张的体式：海星式（图1-1）。培训师在开始授课前，花1~2分钟做这个体式能有效地化解紧张，提高自信心。

图1-1　海星式

我曾观察并发现，有些新手培训师在台上双手无处安放，显得局促。如果你也有类似情况，建议可以考虑一手持麦（或白板笔），一手拿翻页笔，让两只手都握有东西，这样类似海星的体式可以有效化解紧张。

实践！实践！实践！

培训组织者最担心的是，没有进行实践活动的学习和没有学习知识的实践活动，这两种行为都会将人困在原有的模式中止步不前。

没有实践活动的学习让人徒耗能量，陷入过度分析和思考的陷阱，学员总是觉得没有准备好。打破的方法是告诉自己：永远完全没有准备好的时候！当准备度为80%的时候即可实践，即0.8法则。

没有学习知识的实践活动让人一直依循旧有的行为习惯和心智模式，会感觉一直在绕圈子，陷入死循环。突破的方法是复盘与反思，不断修正。

当0.8法则遇上复盘与反思，就将发展成现在互联网行业比较流行的敏捷迭代的工作模式。带着这个模式去实践，相信大家在课堂上，或者在工作汇报、演讲、销售、路演时都会克服紧张情绪。

第二培训阶段培训师的能力总结

第二培训阶段培训师应有的能力包括：

（1）吸引与稳定学员的注意力；

（2）应用故事或案例来说明的力量；

（3）运用肢体与声音效果。

我们将在第三章详细探讨这些能力。

第三培训阶段——以学员为中心

从以培训师为中心到以学员为中心

以培训师为中心的模式可能会使培训师处于自我陶醉

的状态，此时培训师也和学员一起将注意力集中于自己身上，享受大家的关注。如果培训课就做到第二阶段的以培训师为中心，培训师就会有"明星"一样的感觉，还会有不菲的收入。但这样做忽略了培训是为了给学员带来真正的学习价值的初衷。

以下这段文字是一位从业19年的培训师的总结：

"培训时，我体会过两种愉悦感，一种是我站在台上讲课，台下大家掌声如雷，这让我很愉悦；另一种是学员的反馈，'今天的课让我醍醐灌顶，解决了一个困扰我很长时间的问题'。这两种愉悦感是不同的，前一种满足了我个人的需求，后一种让我实现了自己的价值，使我变得更有耐心、更有力量。"

如果你立志成为真正帮助学员学习并使其有所改变的教练型培训师，那么我们一起踏上培训师的进化之路吧。在通过第二阶段完善课程的呈现之后，培训师的注意力会逐渐转移到学员身上，更关注于学员对学习的反馈，即学员在想什么、说什么和做什么。

学员需求的变化

"如果我当年去问顾客他们想要什么，他们会告诉我：'一匹更快的马。'"——亨利·福特就像买汽车的顾客一样，很多时候，学员其实并不清楚自己的真正需求。培训的过程也是学员需求不断变化的过程。培训早期，学员需求通常会停留在想解决某个具体问题的层面。而所谓的"问题"，通常都是一些症状表现。随着学习的不断深入，产生这些"问题"的深层原因才会陆续呈现，在教练课中被称为"觉察内在的盲点"。

要达到学员觉察出内在盲点的效果，需要培训师将注意力转移到学员身上，通过学习和应用，将教练能力和培训师能力融合在一起的角色就是我们说的教练型培训师。

🔍 思考题

课后有学员反馈："老师，您讲得太棒了，都讲到我心里去了！"这句话表明了什么？它对于培训师意味着什么？

📍 理想状态——以场域为中心

从以学员为中心到以场域为中心

以学员为中心时，培训师时常会遇到这样的情况：当培训师回答某一位学员的提问时，其他学员会觉得这个问题跟自己没有关系，于是走神，甚至开始看手机、回消息、开小会等。

如果培训就做到以学员为中心这个层次，那么即使培训师能关注每一位学员，也会有陷入一对一的互动模式的时候，从而觉察不到整个场域的学习状况。

是不是说以场域为中心就不要和单个学员互动呢？不是。和学员一对一互动没有问题，但需注意的是，以学员为中心时，培训师回应的是某位学员的问题，而在以场域为中心时，培训师会就某位学员的问题，开展面对整个场域的对话，从而调动场域中所有人的学习积极性。是的，在这个阶段培训师不是在和某位学员对话，而是在和整个场域对话。

在此阶段，作为一位教练型培训师，你将专注于激发学员内在的学习激情，向学员学习。此时的教学方式将在一对多、一对一、多对多、多对一、自我展现等类型上随需切换，目的是为了构建互相学习的场域。

关于进化

进化 VS 变革

培训师上升到以场域为中心的层次，是一种循序渐进的进化过程。这里的进化不是变革，而是向下兼容。

"变革"意味着否定过去的模式；但过去的模式是长

时间形成的，非常顽强。越想改变它，它抵抗的力量就越大。个人是这样，家庭和组织同样也是这样。而"进化"是指为了适应外部环境，改善为新的、更合适的模式，不是将旧的模式消亡，而是暂时不用它，在需要的时候，又将它利用起来。

这意味着进化实际上是让我们有了更多的选择，而不是将新和旧的模式对立乃至对抗！

关于场域

场域的切换

当培训师以场域为中心讲课时，会注意觉察场域的情况，并知道什么时候讲解知识内容、什么时候通过讲故事说明、什么时候关注差异、什么时候切换授课方式、什么时候让学员自由交流等。

去中心化

在以场域为中心时，培训师弱化了自己的主导作用，在这样的课堂上会存在各种可能性：共创、反转课堂、群策群力、相互学习等。例如，在礼仪课上，可以邀请学员分享他们理解的礼仪是什么，或者请学员展现一下他做过的最好的礼仪是什么。这就形成了一种场域的模式。我们看到在这样的场域中是多对多的学习网，而培训师只是其中一个网点，且不是重要的中心点。

双导师也是一种场域，即当台上有两位导师的时候，这两位导师之间怎么搭档？轮流讲解或互动对话，都将带来不同的场域体验。

课程设计

当培训师以场域为中心时，就会出现一个可能的情况：如果培训课程已经按设计完成，但在实际课堂上却发现现场场域与原设计不同。作为培训师，你是否有勇气调整？调整的同时要确保达成学习目标。这就需要培训师具备一定的教练角色能力，这也是我将其称为教练型培训师的原因。

教练不是按照事前计划的问题来提问，而是基于客户当下的问题来回应。教练型培训师在授课的时候，可以先有个设计框架，但不一定要按预设的框架来开展，要通过感知与觉察场域的动向实现培训目标。教练型培训师，在培训课堂上是"流动"的。

第三培训阶段培训师的能力总结

第三培训阶段培训师应有的能力包括：

（1）建立并达成合约；

（2）建立信任与安全感；

（3）控制当下感；

（4）主动聆听；

（5）强有力地发问；

（6）直接沟通；

（7）创造觉察力；

（8）促使学员成长。

我们将在第五章详细探讨这些能力。

第二章

以内容为中心的能力

在这个阶段，培训师会在事先准备的情况下构建课程的骨架，以符合逻辑的方式有效地传达知识点，同时持续学习、深入掌握教学内容，制作教学课件，最大化利用教材设施。

第一阶段培训师的能力

（1）制定课程内容。

① 制定课程内容与大纲。

② 取得利益相关者认可。

③ 展示课程的内容及逻辑关系。

（2）设计课程的开始、过渡和总结。

① 开始时突出重点。

② 过渡自然。

③ 总结学习要点。

（3）掌握内容知识。

① 掌握课程内容。

② 了解组织与行业信息。

（4）制作课件，使用授课工具。

① 制作视听课件。

② 使用授课工具。

制定课程内容

这种能力包括以下三个关键行为：制定课程内容与大纲、取得利益相关者认可、展示课程的内容及逻辑关系。

制定课程内容与大纲

在培训课程开始前，培训师通常需要制定课程的内容与大纲，用于公开课的招生或企业培训前期沟通。

完整的课程内容包括：

（1）课程的名称（可以包含副标题）。

（2）课程的背景介绍。

（3）课程适用的环境与当下面临的问题。

（4）学习目标与应用目标。

① 学习目标指在课程中学员将学习到的知识、技能和转变的态度。

② 应用目标指在工作与生活中应用学习的内容可以解决的问题与带来的收获。

（5）课程大纲。

（6）课程对象、时长等信息。

（7）培训师介绍（突出为什么由你来讲这门课）。

大家可以根据课程的应用场景酌情选择以上部分作为课程内容。

⊚ 取得利益相关者认可

如有可能，课程开始前与培训的利益相关者（培训组织方、高层管理人员、学员代表等）进行沟通，并取得各方的认可和支持。为了更好地进行培训，我们可以针对以下三个方面进行询问：

（1）确定培训的目标和组织需要之间的关系。

（2）确定培训课程在员工学习计划中的环节和作用。

（3）制定衡量培训成功的标准。

推荐访谈询问清单

确定培训的目标和组织需要之间的关系

（1）组织方的愿景是什么？组织方的目标是什么？组织方在今后两三年里要实现哪些目标？

（2）参加培训的学员有什么收获，会有助于组织方达成上述目标？

（3）组织方今年最关注哪些培训目标或方式？

（4）哪些培训方式会对培训产生较多影响？

确定培训课程在员工学习计划中的环节和作用

（1）了解培训课程前后学员的学习情况。

（2）确定学员课前需要准备的工作，如课前阅读、课前作业、自我评估等。

（3）确定学员课后需要持续跟踪的工作，如小组共修、实践等。

制定衡量培训成功的标准

（1）总体上应如何界定本次培训是否成功（结合培训目标或组织战略）？

（2）如何衡量列出的培训目标是否实现？

（3）对哪些具体方面必须进行衡量？

（4）衡量时会面临哪些问题？

展示课程的内容及逻辑关系

培训师在课堂上向学员介绍整个课程或当天的培训流程，让学员大概了解将要学习什么，又需要做些什么。

确定性与安全感

如同开会有议程、图书有目录一样，对于大多数人来说，确定性可以让人有一种可控感，进而有安全感。

试想这样一个场景：在企业中，学员拿着培训管理者发的培训通知，进入一个陌生的教室，面对一群不太熟的同学和培训师。培训师说："欢迎大家，我做个自我介绍……"这样的场景会让学员产生不确定性，而不确定性会让大多数学员不知所措，进而产生自我保护意识，而这个状况往往是培训师不经意间造成的。

为了在课程的开始营造一个"安全"的学习场域，我们可以：

（1）事先分发教材，让学员可以浏览课程的大纲或每日的流程。

（2）在课程的开始，以常规、合乎逻辑的方式表达学习活动的次序。例如，"上午我们会先学习……然后茶歇；茶歇过后，我们会进行……活动，大约在……吃午饭；午休后，我们会开展……今天课程计划在……结束。"

（3）运用视觉辅助设备，在PPT或翻页挂图上列出课程大纲。

（4）可以在流程部分灵活安排：

① 有部分学员更喜欢不确定性和灵活性。

② 有些课程的活动设计不应让学员提前了解。

自我练习

试着在一张A4纸或一页PPT上呈现课程的培训大纲或流程。

↗ 设计课程的开始、过渡和总结

我喜欢的内容设计格式是"虎头""象身""豹尾"。

"告诉学员，培训的重点内容是什么，然后解释重点内容，最后重复重点内容。"这些话简单又重要，会让学员知道他们应关注什么内容。通常，他们在学习后喜欢重温重点内容。

总结：开始时突出重点、过渡自然和总结学习要点。

⊚ 开始时突出重点

芭芭拉·明托在《金字塔原理》一书中提出："以结论为导向的论述。"此方法在世界商业环境中被广泛使用。

这种方法有助于学员快速进入学习状态，并能将后续的内容和课程的重点内容联系起来。

环节安排建议：

（1）能够用一句话概括重点。

（2）除了课程开始需要突出重点，每个学习单元/章节也都要突出重点。

（3）准备用归纳法和演绎法来总结重点内容。

⊚ 过渡自然

不自然的过渡会让学员感觉课程缺乏逻辑性，像拼凑出来的，进而影响学员对培训师授课的可信度。特别需要注意，使用PPT授课的时候，培训师比较容易陷入过渡不当的情景。例如，翻页过快导致已经显示下一个单元或知识点，准备的过渡语句没有了"用武之地"。而使用板书通常可以较自然地进行过渡。

环节安排建议：

（1）根据大纲上的要点，完成单元过渡。

（2）把过渡要点写在备课手册、翻页挂图或PPT上。

（3）提前准备自然过渡的语句，并提前演练。

（4）过渡语句要表达清晰，使学员了解课程的进度和单元间的逻辑关系。

（5）观察与学习使用其他培训师常用的过渡语句。

⚲ 总结学习要点

总结学习要点是对课程、单元或学习内容进行归纳，帮助学员回忆和记忆重要的学习点。对单元的学习总结，通常也是单元间的过渡环节，过渡语句可以自然地设计在总结学习要点之后。

环节安排建议：

（1）在课程大纲中，需留出专门的时间和章节对整门课程内容进行总结。

（2）邀请学员总结课程或单元部分，使学员参与总结，也是对学员学习状态的检验。

（3）在视听教材（如PPT、翻页挂图）上列出总结的语句。

（4）对培训活动进行总结，强调和总结学习活动和课程内容学习点的关系。

⚲ 思考题

现在的培训课会引入一些游戏和拓展训练活动，在这个过程中，游戏和拓展训练的老师与培训师这两个角色有哪些相同点和不同点？

掌握内容知识

这种能力是培训师的基本功，教练和指导老师不需要掌握内容和知识，因为他们是流程管理者，而培训师需要在课堂上传道、授业和解惑，需要深度掌握课程的内容和知识。

一万小时与刻意练习

马尔科姆·格拉德韦尔在《异类》一书中提出了一万小时定律，再结合安德斯·艾利克森的《刻意练习》内容，我们得到一个观点：人们通过在某个领域不断刻意练习一万小时，就能成为这个领域的大师！

另一个好消息是，作为培训师，我们在对学员传道、授业、解惑的同时，其实就是在培训课程这个领域进行刻意练习，持续精进，此谓"教学相长"。

思考题

回忆你的人生经历，你在哪个领域已经进行了长时间的、有助自己学习成长的刻意练习？你是否被邀请过在这个领域进行传道、授业和解惑？

该能力有两个关键行为：掌握课程内容，了解组织与行业信息。

⚲ 掌握课程内容

培训师需要在知识、技能、案例、活动等方面让学员信服。这需要培训师投入大量的时间学习、总结、实践。

环节安排建议：

（1）准备备课手册，集思广益，收集与所培训课程相关的知识点、模型、案例和活动内容，并持续地记录下来。

（2）准备常见课程问题清单，并提前收集好回答问题的素材。

（3）练习向他人解释课程内容及概念，并寻求反馈意见。

（4）对课程中用到的所有活动，自己亲自体验。

⚲ 了解组织与行业信息

在组织内或行业内授课时，培训师需要在课前研究组织方及行业方面的信息，并在课堂上分享。

环节安排建议：

（1）关注组织方的官网、公众号，了解其内部相关者的讲话等信息（注意保密原则）。

（2）了解利益相关者（HR/高管），收集组织方的目标、重点、愿景、价值观等信息。

（3）阅读有关行业的书籍、刊物、热点新闻等。

（4）主动了解业内专家的学习心得、相关知识和观点。

制作课件，使用授课工具

培训师需要在课前制作课件，准备教学道具，并在课堂上使用教学辅助工具。

人类有三个主要的学习输入通道：视觉、听觉与直觉。制作课件、使用教学道具和设计学习活动都是为了最大化地发挥大家的学习特长，达到最佳的学习效果。（与之相关的课程设计详见第六章。）

此环节包括：制作视听课件，使用授课工具。

⊙ 制作视听课件

利用视觉信息和听觉信息是现在常见的课件设计方式，这些常见的视听课件包括PPT、教材、视频、翻页挂图等。

关于PPT

PPT是最常用的教学课件，其除了可用于课堂播放，还可以打印成教材。

PPT制作建议：

（1）使用深色的背景，字体需要醒目。

（2）少用文字，PPT不是大段文本的展示。

（3）标题文字大小推荐36~48号，正文文字应不小于32号。

（4）适当配图，但注意图片大小，可以适当压缩，避免文件打开过慢。

（5）适当使用动画，避免使用音效。

（6）准备预案，防止因计算机、投影仪发生故障，使PPT无法播放时仍能正常授课。

关于教材

教材是培训课程中的重要课件，以下是几种类型教材的制作建议。

（1）以PPT为基础制作教材的建议。

① 将PPT打印成教材。

② 将PPT加备注页打印成教材。

③ 培训师版PPT和学员版PPT教材应有区别。

（2）以文本为主的教材建议。

① PPT上的内容可以精简，甚至授课不用PPT。

② 将核心知识点、解释与案例等纳入教材。

③ 将课堂活动的内容纳入教材。

④ 将课后实践的工具纳入教材。

⑤ 将课程核心内容和工具集中在单页/卡片上，方便学员课后使用。

关于视频

视频是一种同时调动视觉和听觉的教学方式。有些视频还能直击人心，调动学员的直觉，因此在培训中经常被使用。

制作视频的建议：

（1）自行拍摄知识类短视频，用于课前碎片化学习。

（2）在日常生活中收集可用的视频，建立与课程内容相关的视频库，如广告、影视作品等（注意勿侵犯版权）。

（3）事先准备脚本，拍摄制作案例视频（需要专业支持）。

使用视频的建议：

（1）课前调试设备，并试播（关注教室光线和视频音量）。

（2）熟悉播放器，避免循环播放或自动播放下一段。

（3）播放视频前向学员解释观看的目的及可能需要记录或关注的部分。

（4）与学员一起观看视频。

（5）视频观看结束后，与学员互动并总结学习要点。

关于翻页挂图

翻页挂图是培训课堂互动中我最喜欢的视觉课件，建议使用A1大小的白板纸，选择多色白板笔手工书画（也可提前印刷）。

使用翻页挂图的建议：

（1）每一张挂图都要有标题。

（2）用深色笔书写文字和图案，字体的大小要让所有学员都能看见。

（3）一页挂图上的文字不超过七行，每行不多于七个字。

（4）书写时，字迹要端正，也可请助教协助书写。

（5）适当加入一些图画，让挂图和课堂更富趣味性。

（6）对商业培训，建议用白色卷纸；对个人成长类培训，建议用黄色卷纸。

思考题

比较PPT和翻页挂图在教学中的优缺点。

⊙ 使用授课工具

常用的授课工具包括计算机、投影仪、翻页笔、音响、音乐、白板笔、灯光、游戏道具等。

使用授课工具的建议：

（1）培训师应至少提前半小时到教室连接调试计算机、投影仪、音响等设备。

（2）在U盘或云盘上备份授课课件，以免计算机出现故障。

（3）使用带黑屏功能的翻页笔。

（4）收集快节奏（β波）和慢节奏（α波）的音乐，供不同学习场景播放。

（5）区分白板笔和记号笔，如果需要使用翻页大纸手写挂图，请准备一套双头彩色记号笔。

（6）暖色调光线有助于学员放松，冷色调光线适合激发学员的思维。

（7）如要进行沙盘模拟或游戏，请事前检查道具数量，并多准备一套道具。

🔍 **思考题**

β波和α波的音乐分别适用于什么样的学习场景？

第三章

以培训师为中心的能力

讲述"内心的故事"是培训师在呈现课程时的一个非常重要的技能。这也是很多资深培训师都曾面临的困难和挑战。本书前面提到的教练型培训师的职责之一是"营造安全的学习场域",如果培训师能够在培训时打开自己的心扉,讲述自己的故事,既可以帮助学员更好地学习,又可以打造安全的场域。

第二阶段培训师的能力

（1）吸引与维持学员的注意力。

① 展现自身魅力。

② 运用提神活动。

（2）应用故事的力量。

① 讲述自己的故事。

② 使用案例诠释。

③ 巧用隐喻故事。

④ 鼓励学员分享故事与案例。

（3）运用肢体与声音。

① 使用肢体语言。

② 合理运用语速和音量。

吸引与维持学员的注意力

正如奥托·夏莫（Otto Scharmer）博士在《U型理论》一书中提到的"能量追随注意力"，在学习中，学员的注意力放在哪里，能量就在哪里。

成人学习的一大特点是很难在一个主题上保持注意力超过20分钟。一旦超过20分钟，注意力就很容易游离，这也是全球著名的TED演讲通常是18分钟的原因。但培训课程不止18分钟，所以我们需要掌握这种能力——吸引与维持学员的注意力，这是指使用一些非内容的方式，吸引与维持大家的注意力。

关键行为包括展现自身魅力和运用提神活动。

展现自身魅力

每位培训师都有自己的风格和魅力，如果在课堂上利用并展现幽默和活力，那么有助于吸引学员的注意力。

人的行为改变主要来自三种驱动：恐惧驱动、需求驱动和愿景驱动。愿景驱动是面向未来的学习驱动力。《史记·高祖本纪》记载，汉高祖刘邦当年第一次看到秦始皇出游的场面，说：大丈夫当如此也！这就是愿景驱动。

教练型培训师在课堂上展现自身魅力，正是被愿景驱动，此方法能有效地吸引与维持学员的注意力。

环节安排建议：

（1）展现幽默，自嘲而不是嘲笑他人或弱势人群。

（2）尊重学员，讲笑话前可以先听一下学员的意见。

（3）展现自身活力，避免坐着读稿。培训师的状态将影响学员的状态。

（4）选择合适的着装，判断着装是否得体，以是否会分散学员的注意力为标准。

⊚ 运用提神活动

有经验的培训师都知道，下午两点前后为培训的魔鬼时刻，通常，培训师会用一两项让大家提神醒脑的活动活跃气氛。常用的提神活动有集体运动、小组竞赛等。

集体运动建议：

（1）可以安排助教上台带领大家，也可以让大家一起观看视频。

（2）活动时间不宜太久，帮助大家活动一下身体和提升一下活力即可。

（3）根据组织和学员的特征，选择合适的运动，如八段锦、工间操、海藻舞等。

（4）注意场地大小与桌椅的摆放，避免受伤。

（5）可以设计一些隐喻性活动，暗扣教学主题。

（6）如带集体冥想，需留意大家的坐姿，以防学员睡着。

（7）合理安排时间。

小组竞赛建议：

（1）引入积分与奖品，但要避免为了积分与奖品而故意竞争的行为，以及引发争论或对学习目标产生影响。

（2）积分规则需提前公布并取得认可，避免学员因感觉不公平而对培训师产生不满和质疑。

（3）如果出现了一到两组积分遥遥领先的情况，反而会使其他小组失去活力，此时可以采取阶段性清零积分的方式进行处理。

（4）引入小组带动集体的活动，如轮流带领全班提神活动、学习总结等。

应用故事的力量

通过故事传递知识点这种学习方式已经流传了几千年，如《庄子》《荷马史诗》等传世作品中的故事，都给我们带来了深远的影响，至今依然为大众津津乐道。

培训师可以通过真实或虚构的事件传递想表达的学习观点或内容，帮助学员将学习内容牢记于心。

关键行为包括讲述自己的故事、使用案例诠释、巧用隐喻故事、鼓励学员分享故事与案例等。

讲述自己的故事

通常，培训师会给学员一种权威感。学员会认为培训师是比自己能力更强的人，觉得自己与培训师有很大的差距，从而阻碍学习的意愿。

当培训师开始分享自己的故事，特别是自己失败或成长的经历时，常常会让学员感觉培训师与自己很相似，并对其产生信任感。

环节安排建议：

（1）开场时可以通过故事进行自我介绍。

（2）不要求100%的真实，可以适当演绎，但确实是发生在自己身上的故事。

（3）故事的成功与否都没有关系，重要的是，要传达学习要点。

（4）故事中要有冲突，可以结合学员的情况，以便引起学员共鸣。

（5）讲述中间可以停顿，引发学员思考，但避免与学员大量互动，否则会影响故事的节奏。

（6）故事内容应有画面感和细节处理，同时照顾各类学员（听觉、视觉等），让学员有身临其境的感觉。

（7）培训师要避免沉浸在自己的回忆之中，或讲太多涉及自己私人的内容而与学习目标无关的故事。

⊚ 使用案例诠释

培训中使用案例诠释是指将课程的知识点与工作或生活中的应用场景相结合，从而帮助学员理解课程内容的一种有效方法。

环节安排建议：

（1）要保证案例的真实性，要有具体的事实和翔实的数据。

（2）使用正面案例时，注意案例的时效性及其与学员的相关性。

（3）使用负面案例时，注意保护案例的隐私及避免涉及在场学员。

（4）事先计划好如何使用案例，确保案例支持学习目标，避免出现歧义。

（5）培训前可以事先收集一些行业与组织的案例。

⊚ 巧用隐喻故事

优秀的故事常常有隐喻。隐喻故事不同于直白的描述，其可以给学员更大的想象和探索空间，引发学员的反思与讨论。

关于成长的隐喻故事

许多关于成长的故事（如《西游记》《魔戒》《哈利·波特》等）都有隐喻：

（1）主角离开庇护自己的长辈。

（2）踏上独立探索的道路。

（3）遇上跟自己性格迥异、特质不同的伙伴。

（4）经过碰撞与磨合，形成团队。

（5）共同战胜个人和集体意识中的阴暗面。

即：依赖→独立→互帮的成长过程。

关于内在整合的隐喻故事

在《西游记》第五十八回"二心搅乱大乾坤 一体难修真寂灭"中出现的真假美猴王，实则是"二心"的隐喻。

在《绿野仙踪》中，多萝西的伙伴——没脑子的稻草人、没心的铁皮人和缺乏勇气的狮子，则分别对应了人体的三大中心——脑中心、心中心与腹中心。

同样，在《中庸》中提到的三达德——"智者不惑、仁者不忧、勇者不惧"，也代表了这三个中心。

环节安排建议：

（1）通过隐喻，启发学员思考，培训师可以与学员有些互动，但不要过早告知学员想表达的观点。

（2）以生动风趣的语言及节奏适中的语速讲述故事，避免学员的头脑进入 β 波状态——寻找故事的逻辑和漏洞。

（3）对学员联想到的任何内容都表示支持，同时培训师也要引出隐喻故事表达的学习要点。

鼓励学员分享故事与案例

培训师准备再多的故事和案例来解释学习内容，都不如让学员将新的知识点与自身的经历和体验进行联系之后达到的学习效果好。学员的故事和案例能大大丰富课程的内容。

环节安排建议：

（1）邀请学员在小组或小群体内分享自己的故事或案例，避免冷场与尴尬。

（2）鼓励学员分享自己的故事或案例，即便跑题，也不评判它们的好与坏。

（3）避免一个人的故事和案例占用太长时间。

（4）培训师听到有代表性的故事和案例可以在征得学员的许可下，收入自己的故事集与案例库中。

运用肢体与声音

在人类进化的漫长过程中，语言的出现距今只有几万年，而文字也就几千年。在这之前，沟通基本靠人的肢体语言、语音、语调来完成。

美国社会语言学家、加州大学洛杉矶分校教授阿尔伯特·梅拉宾的研究表明，人们在沟通互动时，55%的信息来自肢体语言和表情，38%来自语音、语调，7%来自说话的内容。因此，培训师在课堂上也要注意自己的肢体和声音对学员的影响。

关键行为包括使用肢体语言，合理运用语速和音量。

⊙ 使用肢体语言

肢体语言对人与人之间的沟通具有非常大的影响。培训师如果能合理使用肢体语言（如站位、走动、眼神、手势等），将有助于营造安全的学习场域，使学员更好地理解培训师表达的含义。

环节安排建议：

（1）授课时与学员保持一定的距离：普通的培训场合一般1.2m比较合适，舞台式的演讲场合一般2.4m以上为佳。如需要同小组交流，请事先获得学员的许可。

（2）授课前可以在教室里走动，通过开放的肢体语言与学员打招呼，建立融洽的关系。

（3）培训师应站着讲课，并适当走动，确保所有学员都能看到。

（4）避免使用讲台。如果培训师站在讲台后讲课，就会影响肢体语言的使用。

（5）与每位学员进行眼神交流，让在场的每个人都感觉到培训师在关注他，但避免盯着某人时间过长。

（6）避免攻击性和防御性的手势，如用手指指向学员、双手环抱胸前等。

（7）设定好自己的状态，作为培训师，常会受状态影响而无意识地使用某种肢体语言。

合理运用语速和音量

抛开语言的内容，人的语速和音量本身就在传递大量的信息，特别是关于情绪和能量的信息。培训时常需要调动学员的情绪，以便学员吸收和掌握新知识。因此培训师要学会合理运用语速、音量来辅助传递课程内容。

环节安排建议：

（1）培训师授课时语速要适中，可以观察学员的状态随时调整。避免语速过快导致学员跟不上或过慢导致学员不耐烦的情况。

（2）讲重点内容和一般内容时，音量要不同，要通过抑扬顿挫的语音、语调吸引学员的注意力。

（3）偶尔使用带口音的方言，会帮助培训师和当地学员拉近距离，但如无特殊原因，应避免使用方言进行授课。

（4）要多使用强化信心的语气助词，因为使用模棱两可的词语，会显得培训师对自己讲授的内容没有信心。

（5）留意自己的口头禅，因为过多的口头禅会使学员分心。培训师可以通过回听自己讲课的录音，发现和调整无意识的口头禅。

第四章

进化——从以
学员为中心到
以场域为中心

四种学习场域

权威主导

在组织中，这种互动的方式是所谓的"聪明行为"，每人都想表达权威者想听到的见解。

在培训课上，这种场域就是所谓的"教育"（见图4-1），我们学会了只表达权威（培训师）想让我们说的内容，基本上都在说权威想听的话，而非自己真实的想法。

这种场域的优点是，表面上能快速达成共识，成员个体能很快融入群体，因为大家说的都是别人想听的，每个人或多或少都有一些这种行为，才会加入一个组织中。

然而，从学习的角度来讲，这种权威主导的场域是很低效的。它的局限在于：

（1）使学员无法讨论实际中的真实问题。

（2）当场域中多位权威出现矛盾时，就会造成混乱。

（3）场域的气氛会显得压抑，学员的行为会受恐惧驱动。

（4）学员会分心揣摩说什么话不会犯错，而没有真正学习。

图4-1　权威主导场域

各抒己见

在很多新型的行业（如互联网、游戏等）中，会出现这种"各抒己见"的场域，如图4-2所示。

图4-2　各抒己见场域

这种场域的本质是学员如实表达个人所想，而不是表达权威希望听到的。此时的互动已经不再遵从于权威，而允许表达不同于别人的观点，并且可以明确自己的观点是对的。

在培训课上，这种场域有助于学员与培训师以及学员与学员平等地对话。真正的学习是从有差异开始的，如果没有差异，就意味着没有可学习的内容。这种场域能帮助学员开启思维，比较自己过去的经验和学习到的新观点之间的差异。

各抒己见的局限在于：

（1）很难接受别人的观点，而超越自己原有的见解。

（2）学员会捍卫自己的观点，并为之辩护，以证明自己是对的，别人是错的。

（3）如果有人指责或批评了你的观点，你也会批评对方。

（4）很可能又回到第一种场域，由权威主导。

真诚探询

这种场域的核心是，开始看到自己是场域的一部分，并开始探询，如图4-3所示。我们与他人的互动，并不只是在讨论单独的事件。每个人都感觉自己和他人融为一体，共同创造了所在的场域。该场域的特点包括：

（1）作为场域的一分子而发言。

（2）互动从原先的防御、为自己辩护，开始转向探询他人的观点或想法。

（3）不是为了形式而问，而是真诚地询问彼此：什么使你有这样的想法？原因是什么？是基于什么样的体验产生的？

（4）在对话中，大家依然可以持有不同的观点，从争论到探询。

此时，培训师通过真诚与谦卑的姿态将自己和学员都看成学习场域的一分子，主动向学员探询和学习，并邀请学员以更加宽泛和深入的视角进行学习。

在教练、领导力、组织文化等课程中，教练型培训师会让学员进入相互探询的学习场域，从学习的角度来看，这实质上是在帮助学员转变原有的思维模式。

图4-3　真诚探询场域

⌖ 进化生成

当进入以场域为中心时，教练型培训师会将场域看成多个生命的集合体——大生命体，其具有生命体的特征。而进化生成场域就发生在这里。"进化"这个词不同于发展或改变，进化只用于生命体。在这个阶段，大家会体验到场域是有生命力的，如图4-4所示。

"生命体"会生根、发芽、开花、结果，所以这种场域是流动的，这个集体会有创造力并可以孕育未来。场域中的每个人也会作为大生命体的一部分，进化而流动。这里不存在这是你的想法，那是我的想法，而是化作整体的想法，通过彼此连接让前所未有的新事物得以生成。

在组织战略、组织变革、颠覆性创新等面向未来的培训中，学员集体进入进化生成场域，组织就会有创新性发展。

为了构成进化生成场域，我们将引入国际教练联合会的教练体系，其中教练是激发学员展示自我的源头。

教练型培训师是同参与者一起将场域看成一个大生命体，是支持集体中每个人"进化"的引导者。

图4-4　进化生成场域

场域评估

那么，如何知道自己掌控的学习场域属于哪一种呢？

下面这些情景将有助于培训师对自己所在的学习场域进行评估：

（1）权威主导。

① 当课程结束时，如果一切都按事前计划发生了，就可能说明课程是由权威主导的，课程并未超出培训师的预

知区。

② 如果学员做了"正确的"互动，如"老师您讲得太对了；讲到我心里了；没什么问题要问了"，就可能意味着学员学到了未知的内容，没学到特别的内容，或者只反馈了老师喜欢听的。

（2）各抒己见。

① 课程结束后，通过和学员的问答与互动，培训师会发现自己收获了新观点和新数据。

② 课程中，有学员对培训师提出了"挑战"，双方甚至经历了一番争论。

③ 学员互动时，语速较快，情绪波动较大。

④ 场域的实际状况超出了某些预估。

（3）真诚探询。

① 课程结束后，通过和学员的问答与互动，培训师突破了自己的原有想法，获得了新观点和新数据，还了解了这些观点背后的原因与质疑。

② 通过与学员的互动，培训师有了理解事物的全新的视角。

③ 学员互动时，相互之间真诚的提问占了很大比例，而不是直接发表自己的观点。

④ 场域中的互动让培训师自己也学习到新知识。

（4）进化生成。

① 场域的能量一直在增加，集体灵感迸发。

② 突破性的创新观点由场域产生，参与者都会感觉自己参与了"新生命的诞生"。

③ 课程结束后，培训师和学员都与刚加入进来时的状态有所不同，每个人都更加认识到自己的内心所想，个人和集体的意识都进化了。

🔍 思考题

你可以运用以上方法进行自我评测，在过去的培训中，你体验到的各种学习场域的比例大概是多少。

组织的学习场域经常发生改变吗？

在无外力干预下，个人和组织都会有一种默认的场域，很难改变。

教练型培训师对于这种现象能做些什么改变呢？

普通的培训师会一直沉浸在其中一种或两种场域中，卓越的教练型培训师不是在一种场域工作，而是给不同学员营造不同场域，影响场域里的每个人，使大家从默认场域中走出来，体验不同的场域。

本书旨在尝试帮助大家提高培训能力，能够根据需求，在课堂上灵活地切换各种场域，成长为教练型培训师。

生命体视角

当从完整的生命体视角看人和场域的时候，可以将之分为生命的四体：物质体、生物体、情绪体与思维体，如表4-1所示。

表4-1　生命的四体

生命的四体	生物界进化	完整的人	场域	组织	世界观
物质体	矿物	骨骼、器官与肌肉等	物理环境	资源、财产	地
生物体	植物	循环系统	设计流程与规则	流程、制度	水
情绪体	动物	情绪、需求	学习互动与氛围	文化、氛围	风
思维体	人类	未来的思考	学习目的	愿景、战略	火

在生物进化的过程中，植物是一个典型物种，植物的生存机制在于其有循环系统。相比植物，动物除有循环系统，还有进化情绪体，有基于本能与情绪的行为。目前，

人类是这个地球上进化最高等级的生物，对于人来说，物质体是我们的肉身，生物体是我们的循环系统，情绪体负责我们的情感，对应心脑的边缘系统，思维体反映我们的思考、对未来的想象等。

教练的工作实际上是与其他完整生命体的对话：

（1）个体教练在与客户一对一对话时，要将客户看成"完整"的人，需要关注到客户的生命的四体。

（2）团队教练与团队进行对话时，要将团队看成"生命体"，也需要关注到团队的生命的四体。

（3）组织教练要将组织看成生命，与组织对话时，需要关注组织的生命的四体。

教练型培训师是将学习场域看成生命体，同学习场域对话，需要关注学习场域的生命的四体。

生命体的特质

（1）生命体通常会接受自己的提议或方案，意味着自己会支持自己参与和创造的事情。

（2）生命体关注对其有意义的事情。

（3）生命体需要参与到与其相关联的其他生命体的发展中。

（4）大生命体系统（组织和社区）需要多样性，多样性会产生创新观点。

（5）生命体不追求完美的解决方案，而是寻找可行的方案。

（6）外在力量无法真正控制生命体，但可以引导。

（7）生命体的改变来自自我觉察。自我意识变化会让你真正改变。

（8）生命体成长和进化的方向不是固定的，需要不断进行尝试。

个体的生命体视角

教练应将个体视为完整的生命体，在互动过程中，要关注学员的物质体和生物体的健康（肉身和循环系统），还要关注学员情绪体的状态：学员处于什么样的情绪中？什么会触发学员的情绪？学员有哪些需求要得到满足？通过提问与沟通，教练让学员启动思维体，思考各种可能性。

⊚ 组织的生命体视角

当从个体上升到组织层面时，教练就要将组织视为完整生命体，此时的内容就会与个体不同。

"人类富有智慧，具有创造力和自我组织能力，适应性强，追求存在的意义。组织是生命系统，同样富有智慧，具有创造力和自我组织能力，适应性强，追求存在的意义。"——玛格丽特·惠特莉（Margret Wheatley）

过去，受现代管理的影响，我们通常将组织看成"机器"，期待其准确无误地运转。然而在当前复杂多变的环境中，机械论已经不能够解决我们所面对的复杂问题和挑战。如果我们可以将组织看成一个生命体，就会发现组织也拥有和生命体一样的特质。

组织的物质体特性

组织的物质体包括资源、有形资产、产品、设备、库存、工作环境、人员，所以需要关注的是"人"，而不能简单地将其看成物质体。

目前，在对组织的管理中，通常人们的注意力容易集中在物质体——"结果"方面。这些结果可以量化、数据化，管理者习惯用这些指标来评估组织的状态。

当从生命体的视角来看待组织时，我们就会从"结果导向"思维转为"关注过程"思维，此时我们眼中将呈现组织的生物体（硬过程）和情绪体（软过程）。

组织的生物体特性

组织的生物体是指流程和制度，它像生命体的循环系统一样，使信息、金钱、货品流转在组织内。组织中的例会、财务信息系统、运营系统、物流供应链系统、考核与绩效制度等都在传递和循环组织的信息、资源。

人体对生物体的干预通常是打针吃药，而在组织中往往通过内外部咨询对流程、制度进行诊断和改进。

组织的情绪体特性

组织的情绪会呈现在文化和氛围里，是指组织中的人如何对待彼此，组织强调什么样的价值观，沟通、会议和学习场域是哪一种等。这些都是组织的情绪体特性的体现。

在组织中，我们可以用情绪体直接感知组织的情绪体，即感知组织的文化和氛围及默认场域。

常见的组织情绪体干预手段：

（1）领导力发展。

（2）企业文化传播。

（3）提升员工满意度与敬业度。

（4）团队建设。

组织的思维体特性

组织关于未来的思考主要是愿景和战略。愿景是组织在未来发展的最好的样子，战略是组织在未来要发展的方式及要实现的目标。

通常，由组织的高层和外部咨询顾问一起制定组织的愿景和战略。但现在越来越多的企业开始邀请教练和中基层员工参与到企业未来发展的研讨中。

相互影响

生命的四体是相互影响的，但通常不能跨层影响，也就意味着：

（1）物质体和生物体相互影响。

（2）生物体和情绪体相互影响。

（3）情绪体和思维体相互影响。

组织制定未来的愿景和战略，需要对应的文化与氛围作为依据，再制定合适的流程和制度，盘点相关的资源，这样才算全方位的考虑。然而遗憾的是，大多数组织并没有专门的岗位负责整个组织各方面的协调与安排，现代组织管理方式往往过于强调分工，使所做的工作缺少整体性。

常见的情景是，核心管理层制定组织战略，接下来就期待有效地完成，得到期待的结果，而忽视情绪体——文化和氛围。

而负责文化和领导力培训的部门常会被质疑：如何营造企业文化与领导力培训的方式？如何在结果（物质体）上体现？

以上都属于未能将组织完整地看成生命体，而造成组织发展出现困境的情况。

现在有越来越多的企业设立了组织发展岗位，这个岗位也正在不断发挥作用。我认为组织发展的工作需要再进化，我称之为"组织教练"。

组织教练是将组织看成一个大生命体，通过互动将组织的思维体（决策层）和情绪体（文化）连接起来，然后将情绪体（文化）和生物体（制度与流程）连接起来，最后作用于物质体上。

如果能做到这些，对组织的干预（如变革、创新等）就会有效，就能更全面、更系统地帮助组织持续进化。

要想实现组织进化，我认为教练型培训师对情绪体的影响不可替代，因为教练型培训师是聚焦在以场域为中心的影响力较大的人。

无论身处哪种组织，只要有人的地方，组织生命体就能发挥其作用。企业是这样，家庭、学校、社群同样也是这样。

后面的内容将进一步阐述教练型培训师是如何影响组织的。

⊚ 场域的生命体视角

当教练型培训师进入场域为中心时，重要的突破是将场域看成一个生命集合体。场域是具有生命属性的。

教练型培训师要在学习的目的、学习的互动与氛围、课程的设计流程和规则以及物理环境等方面着力营造生命体视角学习场域。

下面主要对物理环境做出介绍。

构建物理环境

不同的物理环境的布置方式会给场域带来不同的能量。下面以座位的摆放为例进行介绍。

鱼骨形

大多数的互动式培训都会将座位摆成鱼骨形。

这样做的优势是为小组讨论提供了条件。小组讨论比大班分享更能让学员有安全感，方便学员展现其真实性。劣势是小组之间可能出现竞争，从而分散学员的注意力，也可能出现学员上课时侧面或背面对着屏幕和培训师的情况。如果时间长了，学员的身体会不舒服。

U字形/圆圈

人数较少的课堂可以使用U字形布局，方便培训师走近每个学员，学员也能彼此看见。这样的安排较容易体现集体学习的整体性。

在现场可以摆放桌子，也可以不摆放桌子。如果不摆放桌子，大家就有坦诚相见的感觉；如果摆放桌子，大家就会有被保护的感觉，同时可以在桌子上记笔记，放水杯等。

物理环境的构建取决于培训师想要营造什么样的场域。

关于光线与色调

暖色调会激活人内心的融合感，冷色调则会启动人内心的离斥感。

（1）融合感帮助人与环境建立连接，如家里通常使用暖光灯。

（2）离斥感能激发人独立思考，如办公室通常使用冷光灯。

了解上述信息后，我们就可以营造教学场域的物理环境。根据不同的教学目的，合理使用相应色调的课堂环境和教学道具，可激发学员的融合感或离斥感。

关于光线与色调的一些建议：

（1）可使用白色或黄色翻页纸。

（2）安装双色灯，并在冷光和暖光间切换。

（3）准备一些适宜摆放的植物。

（4）准备不同颜色的桌布。

（5）通过不同的PPT模板，传递融合感或离斥感。

第五章

教练的核心能力

国际教练联合会（ICF）2014年5月发布了专业教练评估指标（PCC Markers），2019年11月发布了新教练8项核心能力，2020年10月发布了专业教练评估指标（PCC Markers 2020）。本章归纳出教练型培训师的8项核心能力。这些能力是基于以学员为中心和以场域为中心的。

当我们将学习场域看成完整的生命体时，这些能力同样会对我们在情绪体和思维体层面展开的工作有特别帮助。

建立并达成合约

在本章，我们将客户与学员的身份做了区分。

（1）企业培训。

① 客户是指投资培训活动的组织者，如HR、培训负责人以及他们的内部出资方——业务部门负责人。

② 学员是指参与培训课程的人员。

（2）未成年人的培训。

① 客户通常是指学员的家长。

② 学员是参与培训课程的人员。

（3）在对社会公开招生的培训中，客户和学员通常是同一个人。

能力定义

理解在互动中需要什么，怎么做，以及与学员就学习过程及关系达成合约。

关键行为

（1）确定在学习中实现的目标及衡量标准。

（2）探讨学习目标的重要性或意义。

（3）探讨为了实现学习目标需要解决的实际问题。

（4）围绕学员想要的学习目标，探询学员真正的学习意图。

当进入以学员为中心的阶段时，一个重要的标志就是建立合约。这里的合约既可以是书面形式的，也可以是口头形式的，还可以是心理上的。

培训师和教练在建立合约时略有不同。教练是在教练对话的过程中，逐渐同客户确定并达成合约；而培训师则是从课前设计就开始做访谈和调研，而后在课堂上进行互动和实时调整，可以说，合约贯穿整个培训过程。

培训通常需要准备一个主题框架。其中应有学员的目标或者需求，包括如何通过培训使学员实现愿望，这就是建立并达成合约。

很多时候，培训的合约是由多方共同建立的，包括发起方（如业务主管、家长）、运营方（如HR、培训工作者、招生机构）、学员及培训师。

确定在学习中实现的目标及标准

通常，培训师应设定好培训主题，以及对应的培训效果，并结合这些内容与各利益相关者进行沟通，确定在学习中实现的目标及标准。

环节安排建议：

（1）课前，与发起方（如业务主管、家长）和运营方（如HR、培训工作者、招生机构）进行沟通。

（2）课前，与学员代表进行沟通，也可以在课前对全体学员进行调研。

（3）标准能帮助我们评估学习的具体目标是否达成。

（4）在课程的开始阶段，可以设计活动（如Check In），确定学员的学习目标和标准。

（5）课程结束时，可以让学员评估自己的学习目标和标准是否合理或达成。

探讨学习目标的重要性或意义

有经验的培训师常会面临这样的情况：学员不是主动要求参加培训的，如有人将企业里的培训称为"度假""坐牢""看戏"等。

成人中有主动付费学习习惯的人不多。相比自己参加学习，人们更愿意为子女、下属参加培训而买单。如果问他们：参加培训对他们重要吗？答案往往是肯定的，但并不是紧要的。

如果我们不能帮助学员探讨并意识到学习目标的重要性和意义，就很难使学员有意愿投入时间和精力在课堂上学习，这会影响学员学习的真正效果以及将学到的知识加以应用。

环节安排建议：

（1）在Check In活动中，与学员互动沟通。

（2）将学习的内容和学员正面临的急需问题关联起来。

（3）不仅要在解决问题层面寻找答案，还要探索学员的内心所想，如他们的信念、需求、价值观等。

（4）在布置学习活动或结束活动后，解释这些活动对大家的意义。

（5）通过对未来成功画面的探索，激发学员对愿景的向往。

Check In活动

"Check In"常用在酒店登记入住、办理登机手续中。在培训课程中，这个活动是在课程刚开始时，让学员组建小组，相互熟悉，确定身份和各自的状态，描述学习的期望和目标。

通常，可通过以下问题提示学员进行思考：

（1）我报名参加本课程的原因是什么？

（2）我当前在生活/工作中面对的挑战是什么？

（3）通过本课程，我想要收获什么？

（4）成功完成本课程的标志是什么？

📍 探讨为了实现学习目标需要解决的实际问题

学习的根本目的是为了解决工作和生活中的实际问题，因此我们需要将学习目标和学员实际需要解决的问题相关联。这意味着学员学习的知识能够应用在现实生活中，而不仅是理论学习。

同时，现代人很少有时间停下来思考他们的工作和生活障碍背后的真正原因。学员参加培训往往急于想要找到解决问题的方法，并希望一学就会、一用就灵。然而实际上，学员有很多潜在、不明显的事项需要解决，这才是学员真正要达到的学习目标。例如，企业员工很有想法，但执行力不够；对家境太好的人，金钱不能激起他们的斗志。

如果学习目标是提高员工的执行力，就要招聘家境差一点的员工，给员工做一些心态方面的培训。

更深层次的原因可能是现有的领导和管理方法没有跟上社会发展和组织发展的节奏，大家还在用旧的管理方法管理新一代的"90后"甚至"00后"的员工。这是旧的管理方法和新一代员工的特质之间出现了冲突。

环节安排建议：

（1）将课程学习目标与学员工作中的组织、部门乃至个人的绩效目标挂钩。

（2）将课程学习目标与学员的家庭责任、工作使命和愿景及人生目标挂钩。

（3）请学员讲讲在工作和生活中实际需要解决的问题与学习内容之间的关联性。

（4）请培训师讲讲在真实的情况下应用所学内容将为学员带来的好处。

⊙ 围绕学员想要的学习目标，探询学员学习的真正意图

在课堂互动的过程中，学员会提出一些偏离主题的问题，培训师也会发生讲课跑题的情况，请双方牢记课程的内容，必须围绕学员的学习目标进行。

环节安排建议：

（1）将偏离主题或后面提到的内容先记录下来，推迟讨论。

（2）提出流程建议，让学员的关注点重新回到学习目标上，保证有充足的学习时间。

（3）回答学员提问前，确认学员学习的真正意图以及与学习目标之间的关系，防止互动停留在表层。

（4）课程前期收集到的学员的学习需求，有可能是浅层的症状性需求。在课堂上随着内容的不断进展，学员可能呈现出更真实或更深层次的需求，可安排小环节检验学员学习的真正意图。

（5）根据课堂的互动情况，在征得学员同意的情况下，可以对原先课程计划的内容做适当的调整。

建立信任与安全感

能力定义

营造安全的、支持性的环境，以保持彼此尊重与信任的关系。

关键行为

（1）认可并尊重学员在学习过程中付出的努力。

（2）对学员表示支持和理解。

（3）鼓励并允许学员充分地表达自己的观点。

安全的学习场域有助于学员脱离保护模式，进入与他人的互动模式。建立信任与安全感能让学员放下保护和完美的意识，展现出自己真实的样子，转变为想让自己做得更好的模式，此时，学员全身心的投入、积极的分享会使得学习效率大大提升。在这种状态下，学习的新内容可以在大脑中贯通并建立新的神经连接，从而产生新的想法。

还有一种建立新的想法的方式，即强制性改变，需要每天进行大量的、单一的、重复的信息输入。这种方式通常无法在培训中实现，但通过企业文化的持续影响可实现强制性改变。

当每位学员的状态都非常积极的时候，整个场域的能量就会得到提升。

能力模型的特点在于我们只要掌握这些关键行为，并持续训练，就能在这方面越做越好。

认可并尊重学员在学习过程中付出的努力

认可学员，如"你问的问题好"，但如果你不具体地说出好在什么地方，他就会觉得你在表演，所以你要很清晰地告诉他，你认可他，并认可他提问题的勇气。如果他问出了这个问题，其他人也在频频点头，你就可以说：

"我注意到你问这个问题的时候，大家都在点头，说明你替大家问了一个问题，非常感谢你！"这个时候他会有非常深刻的感受。

环节安排建议：

（1）用语言表达欣赏学员在学习过程中所做的努力。

（2）清楚地说出观察到的学员已经发生或者正在发生的思维或行为上的变化。

（3）清楚地说出学员在互动或活动中进行的探讨交流与学习目标的关系。

（4）运用一些肢体语言来表达对学员在学习过程中付出努力的肯定。

（5）不对学员的行为做出批评和指责。

对学员表示支持和理解

课堂上，学员可能会表达内心的困扰、实际工作和生活中的障碍，以及过去做得不太好的事情，这时，对学员表示支持和理解将有助于让学员建立信任与安全感。

学员的学习过程会是一个新的、颠覆性的、与过去的认知和习惯相矛盾的过程。在这个过程中，学员会出现情绪上的波动，如沮丧、愤怒等。作为教练型培训师，我们要对其表示理解和支持。

环节安排建议：

（1）清晰并具体地说出对学员的理解和支持。

（2）表现出支持和理解的行为，如给学员更多的时间练习新的能力、留出更多的时间让学员反思等。

（3）接受并理解学员的情绪波动。

（4）询问学员关于处境的想法而不是直接催促学员马上采取行动。

（5）支持学员作为一个独立的人，可以自己决定自己未来想要发展的方向。

鼓励并允许学员充分地表达自己的观点

当一位学员发言的时候，我们通常不可以打断他，而培训师的打断和控场从某种程度上来讲属于第一种学习场域——权威主导。

当鼓励并允许学员充分表达观点的时候，场域会从权威主导进入第二种场域——各抒己见，再加上一些互动，进入第三种场域——真诚探询。

那么，什么时候可以打断学员呢？当学员分享的内容出现重复或者已经跟本学习主题不关联的时候，培训师可以做一些干预。以学员为中心和以场域为中心的区别在于，培训师是和某位学员建立信任与安全感，还是和整个场域建立信任与安全感。例如，课堂上有一位学员特别积极地跟培训师互动，开始时这是件好事，但如果他一直发言，就会影响其他学员，这就不一定是好事了。如何照顾积极发言的学员的感受，同时也考虑其他学员的感受，这是培训师需要注意的。

建议：请该学员暂停发言，聆听其他学员的想法，同时认可和尊重该学员在互动过程中的积极性。

学员在学到新的知识和技能之后进行表达，表明其对学习的内容进行了长期记忆，非常有益。可以设计一些活动确保所有学员都有机会对学到的内容进行讨论。

环节安排建议：

（1）鼓励学员更多并且更深入地表达他们的处境和他们对自己的反思。

（2）留给学员思考的空间。

（3）给学员一些时机，让他们对学习的内容复盘与反思，尽可能确保每个人都有表达的机会。

（4）避免为了保持课程的节奏而忽略让学员进行发言，这对培训而言是非常重要的。

↗ 保持当下感

教练最关键的核心能力就是保持当下感，即与课堂上的事物融为一体。这听起来很简单，但实际上对很多人来说这是最难做到的。

奥托·夏莫在U型理论实验室中提到，影响我们不能保持当下感有四个干扰因素。

第一个干扰因素：沉浸于过去。

我们的关注力、我们的思维沉陷在遗憾之前所发生的事情中，之前的困扰继续上演，头脑里充斥着懊悔，如自己或别人能够说什么却没说、应该说什么却没说，这时我们就卡在了过去。这让我们远离当下。

第二个干扰因素：幻想未来。

当我们担忧之后会发生什么时，我们的关注力就在对未来的设想中，再一次失去当下感。

实际上，只有当下是真实的。关注当下，才能让我们和场域中的学员融为一体。

过去是已经发生的，已经消失了，我们不能改变它；未来是还没有发生的，可能会发生，也可能不会发生。

我们唯一能做的是，关注当下的场域，感知场域中正在发生的一切。

当保持当下感的时候，我们也可以帮助学员避免对过去和未来的过度关注，而专注于当下场域中发生的事情。

第三个干扰因素：一切都怪他们。

这种思维方式是当与学员互动时，我们看到的问题根源都在学员身上，而看不到我们该起的作用。这种"一切都怪他们"的思维方式，将所有问题的根源都归于外在，这样我们就不会和学员之间建立连接。

第四个干扰因素：一切都是我。

这是"一切都怪他们"的另一面，我们满脑子都在想什么会发生在"我"身上。我如何证明我是对的，又如何满足我的需求。

以上就是四个干扰因素。为了克服这四个干扰因素，我们总结和学习保持当下感的能力定义与关键行为。

能力定义

保持与学员自然而然的关系，树立开放的、灵活的、自信的风格。

关键行为

（1）兼顾学员整体和学员个体想要在学习中实现的目标。

（2）注意并探讨学员的能量变化。

（3）表现出想要了解更多知识的好奇心。

（4）请学员表达对培训师的看法并均做出回应，且接受。

（5）鼓励学员确切表达心得体会。

⊙ 兼顾学员整体和学员个体想要在学习中实现的目标

这种能力意味着教练型培训师需要同时兼顾学员整体和学员个体想要实现的目标。

培训师往往只会关注学员描述的处境和其课堂上展现的行为，而忽视学员的内在状态，原因是培训师过往相似的经验对他产生了干扰，即失去了当下感。

整体在这里是指培训师要感知在场域中的每位学员，了解并关注他们喜欢的学习方式、他们当下的情绪、他们当下的表达、他们的信念和价值观。

环节安排建议：

（1）在游戏活动后，不仅要关注结果，还要告诉学员表达出自己的行为习惯和思维模式。

（2）当学员提问时，不仅要关注学员描述的处境，还要探询学员内心的状态。

（3）关注学员的价值观、信念、观点以及潜在的思维模式。

（4）观察学员的三种学习通道——视觉、听觉与感觉的优先状态。

注意并探讨学员的能量变化

通常，能量受注意力与情绪的影响。

如果想要所有话题都由"我"来主导，那么注意力将主要在自己身上，而忽视学员的能量状态，从而陷入以培训师为中心的状态。常见的情景是培训师在台上陷入自我状态，学员注意力开始游离，培训效果已经很不理想了。

当转变到当下场域时，培训师就会觉察自己和学员的能量时刻都在发生变化，场域状态也会在权威主导、各抒己见、真诚探询和进化生成之间自然地切换。

当保持当下感，和场域紧密关联的时候，我们很容易就能觉察到学员处于"思维的开发""心灵的连接""勇气的涌现"这三个打开自我的能量状态。

环节安排建议：

（1）当与学员互动时，注意他们的语速、语调等信息，并与之探讨和确认。

（2）当学员听课时，注意他们的非语言动作，包括肢体语言、表情、目光等，并与他们探讨和确认。

（3）当场域中出现能量碰撞（如冲突、各抒己见）时，不要急于调节，可以鼓励并相互询问。

（4）一定不要直接评判学员能量状态的好坏，否则容易陷入过去的经验中。

表现出想要了解更多知识的好奇心

教练型培训师不仅要向学员传道、授业、解惑，还要向大家表示"我也要学习，特别是在课堂上"。

学员在课堂上，不仅要聆听培训师讲授的内容，更要观察培训师展现的行为和状态。榜样的力量将帮助学员进入更深层的学习场域。

当向学员展现出好奇心的时候，培训师能够激发场域中相互学习的能量，帮助学员进入真诚探询和进化生成这两种场域中。

阻碍培训师展现好奇心的往往是因为培训师把自己当成权威。在培训的过程中，培训师和学员都有意或无意地往所谓的"正确答案"方向靠拢，那是因为培训师的注意力受到了干扰，失去了听学员表达的机会。

培训师不仅要对发生在过去的事情表示好奇，还要对

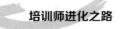
学员当下的状态、当下的场域以及学员和其描述的事情之间的关系表示好奇。

环节安排建议：

（1）真诚地对学员的分享或提问的内容及其处境表示好奇。

（2）在学员提问后，可以适当做一些追问，对学员想问及真正关心的问题表现出兴趣。

（3）在课程中，留出专门的时间，让学员对课堂涉及的话题和学习内容进行反思和消化。

请学员表达对培训师的看法并均做出回应，且接受

当学员的表达和培训师过去的经验不同，或者跟预设的答案不一致的时候，培训师要进一步探询学员为什么会有这样的反应。

就像这本书一样，读者可以就书中的内容、观点以任意形式表达看法或观点，作者并不介意或者评判大家。

作者想邀请读者以任意形式对本书的任何内容做出反馈，如可以批判、可以分享、可以引用等。

从这点来讲，作者比较容易接受这样的方式，但对于培训师来说，在课堂上可能有些困难。

当处在以内容为中心和以自我为中心的状态时，培训师较难放弃自己的权威形象，而坚持自己的观点，这就意味着培训师对学员的反馈是有倾向性的，期待学员以培训师想要的方式进行回应。

大多数培训师会无意识地卡在权威主导场域中，或者从"各抒己见"重新回到"权威主导"。

例如，当布置一个练习活动时，培训师发现大多数学员在练习，而个别学员在聊天。看到这种情景，培训师会怎么做？

在大多数情况下，培训师会用直接干预的方式，催促学员快点进入练习中。

其实，培训师也可以询问一下学员，是练习前的指令不清晰，还是觉得这种练习跟他们的工作和生活关联度不大？

我曾经有过一次经历。在领导力课上，学员做一个角色扮演的演练。学员分组轮流扮演领导者和下属并进行一些对话。我注意到有个小组的一位学员不愿意扮演领导者。我过去询问，他说实际上他不带领团队，今天本应是他领导来参加课程，但因为领导有比较紧急的公务要处理，所以才安排他来。他只是过来听一下内容，做一些记录，回去再转述给领导。他觉得自己不是领导，所以没有办法投入这种练习中。如果你遇到这种情况，会怎么做？

我留意到，他认为自己不是领导，所以没有办法投入扮演领导者的练习中。我回应他："可能未来你会对成为领导有兴趣，所以你不妨尝试一下。"并将选择权交给他。

教练型培训师应用此关键行为，能从各抒己见场域进入真诚探询场域。

环节安排建议：

（1）通过提问，了解学员行为背后的原因。

（2）鼓励并愿意聆听和接受学员分享不同的意见，甚至挑战。

（3）在恰当的时候，可以分享自己观察到的情况和一些背后的原因，但不坚持自己一定是对的。

🔘 鼓励学员确切表达心得体会

要求学员表达他们的学习心得和体会，是一种和当下场域关联在一起的行为。每个人都能表达自己的学习收获，对学员来说，这是一种非常有效的学习方式，甚至比从培训师那里听到的更有效。

如果学员所学是从培训师那里听到的，是培训师认为他们应该学到的内容，那么这对学员大脑的刺激是不充足的，所学内容很容易停留在短期记忆中，几周后就会被忘记。

而且，培训师有可能遗漏一些知识点。培训师用自己的经验帮助学员解读学习内容，未必真的对学员有帮助，而如果请学员分享他们的收获、心得和体会，就会更深刻地刺激他们的大脑，特别是负责长期记忆的区域，从而帮助学员更好地记住所学的内容。

环节安排建议：

（1）鼓励学员确切表达他们从培训中得到的收获。

（2）确保每位学员都有机会分享学习收获，即便他们的分享可能没有被培训师或整个班级的人听见。

（3）通过提问的方式，请学员分享他们内心的想法和感受，而不仅是道理。

（4）鼓励学员表达学习的内容和他们当下正在经历的事情之间的关系。

（5）鼓励他们分享他们对自己的思想和过去行为的新的认识。

培训师可以从更深的层面，将过去、未来、他人和自己与当下场域关联。如果成功地进行这种关联，将有什么变化呢？

我们与过去的关联就变成了一种学习过去经验的方式。因此，对待过去的方式是，留意在过去发生的事情中我们自己的角色是什么，我们学习了什么。

如果以同样的思维模式关联未来，那又会如何呢？

我们将这种能力称作感知能力，这是资深教练一直在训练的能力。

我们感知并走到未知中，进入我们周围想要生成的或者可能发生的空间中。

如果将同样的思维模式与他人关联起来，又会如何呢？

这就是本书下文将提到的主动聆听主题，即打破自己与他人的界限，与他人关联起来。

如果将这种与当下关联的方式运用在外界与自己的关系上，又会如何呢？

这就是教练所说的觉察，是指从我们所在场域的视角观察我们自己的方式，此时注意力不再以自我为中心。

概括地说，这就是我们想要加强、想要探索的问题。保持当下感让我们找到自我，并以此为基础关注我们所在的场域。

主动聆听

在培训师需要具备的能力中，聆听可能是最被低估的。大家都在关注如何表达和提问以及课程设计等能力，而我发现，聆听尤其是主动聆听才是教练型培训师最应该掌握的。

很多培训失败的原因是培训师没有聆听学员真正在意的以及场域中正在发生的声音。聆听是培训师真正的核心能力。不仅对培训师如此，对教练、领导、销售乃至各个与人打交道的岗位，聆听都是其核心能力。

我们每天都花十几个小时在聆听，聆听他人，聆听自己，然而大多数时候的聆听都是被动聆听，而刻意练习聆听可以帮助我们成为卓越的教练型培训师，是工作和生活成功的关键之事。

⊚ 四个层次的聆听

对应不同的学习场域，聆听可以分成四个层次。

第一层次：权威式聆听，对应的是第一种学习场域——权威主导。

权威式聆听基本上就是惯性使然。培训师听到的信息都是欲知的，课堂上的一切也都在意料之中，学员听到的内容也是培训师预设的内容。

当进行权威式聆听时，课堂上学员的状况和互动分享都会被评判：如果对培训师的教学计划有帮助，培训师就会敞开接收并且给出积极回应；如果对自己的教学计划没有帮助，培训师就会忽略它。

权威式聆听对把控课程节奏和进度是有利的，但会忽视场域中学员的真实情况。如果所有的教学计划都基于过去的经验，那么反映的都是过去而不是当下场域，其结果是培训师再次讲授之前讲过的内容。如果培训师重复讲同样的内容，而每次都没有新的收获、课程也没有更换，长此以往，将有可能失去授课的内在动力。

第二层次：差异式聆听，对应的是第二种学习场域——各抒己见。

差异式聆听的实质是培训师注意到课堂上有不同的声音，其结果是培训师留意到了与教学计划和过去经验不同的信息。当课堂上出现与培训师预期不同的情况时，基于思维惯性，大多数人会觉得它们没有用，会排斥那些与培训师预先准备的内容不同的信息和影响培训师授课计划的学员的行为。

在很多教学场景中，我们将上述行为称为课堂的挑战。使用一些控场技巧能够帮助培训师调整到权威主导场域，继续执行之前的教学计划。然而对于教练型培训师来说，如果要实现以学员为中心和以场域为中心的授课效果，这样做还不够。

前两层次的聆听都属于被动聆听，被动听到的都是外部的信息，并下意识地忽略或排斥它们。另外两种聆听属于主动聆听，是培训师需要用心培养的能力。

第三层次：同理心式聆听，对应的是第三种学习场域——真诚探询。

这种聆听会使培训师感知他人所处的情境，使自己持续地与对方在情感上产生连接。

同理心式聆听是指停止被动聆听，主动关注对方的体验。这种聆听不是在头脑中，而是在心灵层面，共情在这里形成。

当放下"我是对的、我是权威"的想法，也不试图驳斥他人的时候，培训师就会将对方看作一个完整的人，会在意对方用什么样的情绪和状态表达那些与培训师不一致的内容。当意识到这一点的时候，培训师就打开了主动聆听之门，进而去聆听对方想表达的更深层次的内容。

主动聆听能够帮助培训师深入了解对方，而不是驳斥对方。

教练型培训师的聆听从打开主动聆听之门开始，但仅仅做到同理心还不够。

第四层次：生成式聆听，对应的是第四种学习场域——进化生成。

生成式聆听需要培训师有放下和接纳的能力，能够关注场域中正在生成的事情，更加充分地了解场域这个大生命体，以及场域形成的真正源头。

如果想知道自己是否在进行生成式聆听，就要观察自己的状态，感知自己对培训师这个身份的认知是否发生了变化，是否朝着教练型培训师进化。

生成式聆听的榜样如大师级教练。大师级教练当聆听我们时，不仅聆听我们的困惑，进行同理心关联，而且能够感知我们的潜能，看到正在"生成"的未来中的我们。

生成式聆听也是那些伟大的教育家所做的事情，那些伟大的领导者所做的事情。他们看到的不是过去、不是问题，而是人们的潜能——未来最大的可能性。

生成式聆听需要智慧，而不仅是一群人的互动。其场域从开头到结尾都会发生显著变化。

如果培训师把自己放在中心位置（以内容和讲师为中心），一直对着学员喋喋不休，是不可能把大家带到第四种场域的。教练型培训师要学会让自己抽离中心位置，到边缘"掌控"学习的场域。所有做过创新之举的人都知道，创新、创造性突破是要靠自己的努力来完成的。培训专业人士则要掌控场域，感受场域改变的过程。

掌控整个场域，让自己化身为场域的一部分，迎接新的自我，依靠集体行动，共同实现目标——这就是生成式聆听。

这不是权威式聆听——学习不是从培训师这里展开的；也不是差异式聆听——我是这么认为的，你是那么认为的，我们之间是PK的关系；更不是同理心式聆听；而是用同理心感知某位学员，关注共同创造、进化、生成——未来的一切通过场域全然变成现实。

这就是进化生成场域。这里的进化指的是场域中的意识层级在进化，这里的生成指的是集体"孕育"并产生新的、创造性的信息和知识及思想。

在这种场域中发生了颠覆性的改变，是能够应对巨大变化环境的。

生成式聆听是指教练支持个体进化、教练型培训师支持场域进化、组织教练支持组织进化、教育家支持学生进化、领导者支持人类命运共同体进化的交流模式。

要想具备同理心式聆听和生成式聆听的能力，我们就要看其相应的能力定义与关键行为是什么，以帮助培训师学习和掌握这项能力。

能力定义

专注于学员表达和未表达的想法，以充分理解学员在其系统语境中正在交流的内容，并支持学员自我表达。

关键行为

（1）聆听学员内在的想法。

（2）通过镜像或总结，确保学员的问题清晰且被理解。

（3）识别并询问学员表达内容背后的深层含义。

（4）注意、认可并探询学员的情感、能量、暗示。

（5）整合学员的用词、语音语调和肢体语言表达的含义。

（6）注意学员在场域中的行为和情绪的变化。

聆听学员内在的想法

聆听学员内在的想法，包括背景、身份、环境、经验、价值观和信念。当学员在提问或者与培训师互动的时候，培训师要留意学员所描述内容的前因后果，也就是说，学员描述的内容可能是冰山一角，培训师需要结合学员所处的背景理解他描述的内容。

当以不同的身份与别人沟通时，大家会有不同的状态和不同的观点，甚至会有不同的行为模式。培训师需要留意学员发言时的身份，因为不同的身份会使学员有不一样的行为方式，并且有不同的意图。身份是影响人们行为的一个重要因素。

环境指的是学员过去和当前所处的工作或生活环境，经验是曾经的体验，这些通过聆听都可以识别出来。

价值观和信念同样如此。价值观是指学员认为什么样的行为是正确的，想要倡导的行为和决策是什么样的。

信念是指我们所相信的观点，能帮助我们进行快速思考。

信念通常分成支持性信念和限制性信念。

支持性信念能够帮助我们"进化"得更好，限制性信念则会阻碍我们发挥潜能。事实上，支持性信念和限制性信念在不同的环境中会相互转换。在一些环境中支持自己的信念，在另一些环境中限制自己的信念。在外部环境不断变化的这个时代，我们需要用心感知自己的信念，识别它在什么地方限制了我们，在什么地方支持了我们。

信念通常来源于我们成长的经历。当环境形成强制性氛围的时候，长期、单一与强制性的信息灌输会让我们产生信念。

值得强调的是，大量的自我对话同样会让人产出强大的信念。

信念的形成具有跳跃性。优点是速度快；缺点是如果结果错了，那么不知道错在哪里，而且检查不出来。我们思考时需要感知自己心中是不是有信念。如果没有感知到，那么信念不但会限制我们的学习和成长，甚至会让我们卡在某个循环里难以自拔。

打破限制性信念的主要方法是找到它。通过一些反例问题，如"这是真的吗？""有例外吗？""它适用于所有情景吗？"，就可以验证信念是否有一定的局限性。

如何判断是否聆听到学员的信念呢？通常我们会听到一些很绝对的话，特别是那些将自己陷入没有选择的、没有灵活性和自主性状态的话，就是他的限制性信念。例如，学员说："这个课程很好，但对我没用，因为我的领导和家人是不会改变的。"这句话的背后就有一些限制性信念：

（1）别人是不会改变的（事实是人一定会改变，但不一定因你而改变）。

（2）如果别人不改变，学这些就是没用的（事实是学习会帮助自己变得更好，而不是把学到的东西当作工具来对付他人）。

在两性关系、亲子教育中常见的限制性信念有：男人一有钱就变坏；女人都喜欢有钱人；学好数理化，走遍全天下；不能输在起跑线上；电子游戏害了孩子；婚姻是爱情的坟墓；等等。

很多时候我们都会听到一些带着情绪的判断，如"这不可能""做不到""没有用""这是对的""就是这样子"等。

其实，大多数人没有意识到自己拥有的信念或不够了解自己的信念。如果信念被呈现出来，就会很容易发现自己的信念的逻辑漏洞。

教练型培训师运用主动聆听，可以识别与学员信念有关的信息，结合后面提到的核心能力——有效发问、直接沟通，就能够发现学员的盲点。

环节安排建议：

（1）不仅关注学员所说的事情，同时关注学员的内在信息。

（2）聆听他们的身份、所处的环境、已有的经验、倡导的价值观。

（3）觉察他们可能被什么样的信念所限制。

（4）将聆听到的学员的内在信息用在和其对话上，通过一些问题进一步探询。

（5）通过了解学员理解事情和其看待世界的方式，去捕捉其内在信息。

通过镜像或总结，确保学员的问题清晰且被理解

大多数培训师愿意跟学员在事情层面上做一些反馈和探讨。一种互动的场景是：学员提出一个问题，培训师做出回答。但是培训师在回答前并没有确认双方的理解方式是否一致，特别是当确认学员的问题时，如果培训师听到了差异性，就会进入各抒己见场域，即培训师分享和解释内容，试图说服学员接受，却忽略了学员内在的声音、提问背后的原因。

在刚开始的提问和互动中，培训师在回应学员的需求前可以先做一件事：通过镜像或总结学员提的问题，确保清晰理解问题后再去回应，将对其学习更有效果。

另一种情景是：学员提问时，内心也处于一种混乱和矛盾中。人们进行内在转变的时候，通常会先经历混乱，所以要使学员从过去的行为与认知中塑造一种新的状态，就需要培训师帮助对方快速整合所表达的内容。

大家可能都有过这样的体验，通过镜像和总结，发现学员根本不是在提问，而是在分享，根本不需要培训师回应。此时，培训师聆听学员的发言就行了。

确保双方理解一致，能帮助我们转到第三种学习场域——真诚探询。这是一个非常重要、能够帮助我们进行更深层次对话的关键行为。

环节安排建议：

（1）主动停下课程，检查学员的学习情况，通过请学员提问来确认自己与学员的理解是否一致。

（2）当学员提出问题的时候，通过镜像和总结，跟学员确认想要问的内容，同时确保双方谈的事情是相同的。

（3）镜像和总结后，留出一些时间，帮助学员弄清内在的真实所想，并鼓励学员表达更多。

识别并询问学员表达内容背后的深层含义

学员所表达的内容背后会隐含很多内在信息。人有情感、价值观、需求，并不一定都能用语言表达明白。

培训师要用更多时间去识别学员背后还有哪些深层次的内容没有讲，也可以询问其背后还有哪些更深层次的想法。

人的表现就像海水里的冰山，语言表达只是冰山上很小的一部分，而冰山下的部分需要我们花一些时间去探索。

环节安排建议：

（1）注意学员说话时的语气、语速和语调的变化。

（2）注意学员肢体语言上的变化、学员情绪的变化，并且通过探询引发他们背后的想法。

（3）注意学员所讲的那些故事和信念想表达的内容。

（4）持续互动时，尽可能请学员坐着而不是站着。

注意、认可并探询学员的情感、能量、暗示

前面提到，我们可以通过语气、语速、语调、表情、肢体语言识别学员所处的情绪或能量变化。有时学员会通

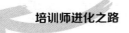

过开玩笑或讽刺的语言来进行暗示。

当关注到这些信息时，我们需要对学员的情绪先认可，后探询。

当进入真诚探询场域时，我们需要留意"真诚"这个词。要想让学员感受到培训师的真诚，需要培训师先注意学员的情感、能量和暗示，并对此表示认可。

情绪是二元的，需要被关注到，需要被认可。

情绪被关注、被认可之后，就会停止，这时理性就会重新回来。此时，我们就可以进行深入探询。

环节安排建议：

（1）当学员出现情绪时，可以留出一些时间，让学员跟情绪共处一会。

（2）学员的情绪被看见、被认可之后，可以再探询学员情绪背后的想法。

（3）注意学员的一些暗示行为，包括讽刺和玩笑的话。

（4）所有玩笑的背后都有认真的成分，要用好奇心探询这些背后的含义。

⊚ 整合学员的用词、语音语调和肢体语言表达的含义

NLP（神经语言程序）的研究表明，在人们传递的信息中，肢体语言占55%，语音语调占37%，而用词只占8%。

对于大多数被动聆听者来说，事实就是这样，但如果应用主动聆听方式，就会发现学员的用词实际上包含很多假设，而这些假设可以反映出其认知模式。

例如，在课堂上布置练习活动，培训师说："这个活动我给大家10分钟的时间。""我给"背后的假设是什么？时间是培训师的，培训师是时间的掌控者，在流程和时间方面，培训师是权威主导者。当10分钟到了时，如果有的学员还沉浸在练习中，培训师就可以让其停止练习，因为练习活动已结束。

有没有别的说法？例如，"我们一起用10分钟来完成这个练习活动。"9分钟之后，培训师说，"我注意到大家还沉浸在练习中，我们再练习5分钟。"不能说第一种不好，第二种好，因为教练型培训师需要学会觉察自己和学员交流时的用词，同时选择在什么时候使用什么样的场域。

有一些词是代表过去的，有一些词是代表未来的。例如，"我会"意味着是在做一些假设和未来要做的。

有时学员在发言中会用到"我"，而有时会用到"我们"。这之间可能的区别是其为主导者还是参与者。那么，如何能够更好地识别学员用词的真正含义呢？我们需要将学员说这些词时的语音、语调和肢体语言整合起来理解，从而识别学员真正想表达的意思，并进行探询和确认。

有的学员表达的时候出现停顿和犹豫，这意味着其内在可能有一些东西在干扰他，对此我们可以跟他做一些确认。通常确认方式是，我们可以将学员用的词及语音、语调和肢体语言一起通过镜像回放给学员。

环节安排建议：

（1）不仅要关注学员在说什么，还要关注学员处于什么样的状态，用什么样的语音、语调及配合了什么样的肢体语言。

（2）留意学员的表情、肢体、语言和说的内容之间可能存在的矛盾，并通过镜像回放给学员，用于整合理解和判断。

（3）注意学员用词背后的一些假设，并且结合他用的语音、语调和肢体语言，更深入地探询学员的内在信息。

注意学员在场域中的行为和情绪的变化

在这个阶段，我们会从一对一的聆听进入一对多的聆听——聆听场域。在聆听场域，我们会发现场域中学员集体行为的共性和矛盾点。

当把场域看成一个大生命体的时候，我们会感知到场域的生命力以及场域可能生成的状态。

对场域中情绪能量的变化，我们要用感知能力去获得。感知需要用到心的力量。

请大家留意繁体字"聽"。该字的左边是耳朵，右边是"十目一心"，即聆听需要用耳朵、用眼睛和用心，心能帮助我们打开感知之门。

当用心去感知整个场域，并且注意场域的动向和情绪变化时，我们再用时间维度感知和聆听场域：什么正在生成。

由此，我们进入第四种学习场域——进化生成。

环节安排建议：

（1）注意场域的思维体、场域的变化方向。

（2）注意场域的情绪体，学员间及学员与培训师间的对话氛围是怎样的。

（3）注意场域的生命体，场域的流程和机制是合理的，还是限制了场域向好的方面转化。

与场域对话

培训师与学员的对话，不是与场域中某位学员的对话，而是与场域的对话。学员的提问，代表的是场域的提问。培训师回应的不仅是学员，更是整个场域，即回应整个场域中的所有人，这就需要培训师感知整个场域想要听到什么，这也是以学员为中心和以场域为中心的区别。

有时，场域也会促使教练型培训师去表达。当与场域融为一体的时候，教练型培训师会突然产生很多灵感，很多从未在以前课程中呈现的内容会涌现出来。当有这样的体验时，恭喜你，勇敢地展现自己吧。

学员的聆听

主动聆听能够帮助培训师识别学员所处的聆听层次，如权威式聆听、差异式聆听、同理心式聆听或生成式聆听，进而指引培训师正确选择或调整场域。

如果学员经常处于被动聆听之中——前两层次的聆听，培训师可以邀请他们进入更深层次的聆听，让学员相互学习和探询。培训师可以邀请学员在各种场域中切换。在这个过程中，场域在变化，学员的聆听能力也在进化。

有效发问

总有很多人问，通过提问，我们可以不同的角色和身份去帮助他人，如顾问、心理咨询师、教练、引导师，那么，作为教练型培训师，我们需要以哪种身份去提问？什么样的问题属于有效问题？

如何界定有效？

在培训师与学员互动的过程中，建立核心能力并达成合约将帮助培训师聚焦学员想学习的知识点，建立信任与安全感、保持当下感将帮助培训师与学员和当下的场域融为一体，主动聆听将让培训师注意到很多症状和迹象，这些都有助于培训师提出有效的问题：产生"挑战"，邀请学员进入未知的学习区。为了能提出有效问题，下面将介绍这个核心能力的定义与关键行为。

⊚ 能力定义

有效发问可以对大家所需要的信息进行提问，这些问题应使学员的学习效果最大化。

关键行为

（1）针对学员的思维方式、假设、信念、价值观、需要、渴望等提问。

（2）帮助学员超越他们目前的思维深度去探索关于他们自身的问题。

（3）帮助学员超越他们目前的思维深度去探索他们真正想要的目标。

（4）以开放式问题为主，一次一个问题，为学员留出思考的时间。

（5）提问方式采用学员的语言以及学员的学习风格和信仰准则等。

（6）发问不是引导性的，不隐含结论或指示。

⊙ 针对学员的思维方式、假设、信念、价值观、需要、渴望等提问

这种关键行为指的是我们需要针对学员的内在信息提问，如他们的思维方式、假设、信念和渴望等，提问是基于聆听层次之上的。在前面介绍主动聆听的时候，我们就提到过需要聆听学员的内在信息，需要培训师将这些信息作为依据进行提问。

当提问针对学员的内在时，我们就会问出特别有效的问题。注意，并不是说不能问学员的其他事情，而是应主要探询他们自身和他们现在经历的事情、处境之间的关系，即他们如何看待这些事情，以及他们如何看待事情的发展等。

环节安排建议：

（1）通过开放式问题探询学员的假设、信念、价值观、渴望等。

（2）培训师不一定必须用本书提到的这些词，也可以采用其他更容易被学员理解的提问方式。例如：

① 对你而言，实现这个目标意味着什么？

② 它对你的意义是什么？

③ 在这个过程中，你真正担心的是什么？

④ 你说这是一个很难的决定，你觉得难的是什么？

帮助学员超越他们目前的思维深度去探索关于他们自身的问题

"产生问题层面的思维，是解决不了问题的。" ——爱因斯坦

教练型培训师的一大职责就是发现学员内在的盲点，帮助学员超越现有思维深度去寻找答案。

乔哈里窗

乔哈里窗（Johari Window）最初是由乔瑟夫（Joseph）和哈里（Harry）在20世纪50年代提出的。它将人际互动的信息比作一个窗子，又分为四个区域：开放区、隐秘区、盲目区、未知区，如图5-1所示。

当处于以内容为中心和以讲师为中心的场域时，培训师通过告知新的内容去触及学员的盲区，通过有效发问去帮助学员自行探索自己的盲区。当进入进化生成场域时，大家会集体进入未知（潜能）区，去体验超越原有思维深

度的感受。

图5-1 乔哈里窗

环节安排建议：

（1）通过发问，邀请学员反思他们自己的想法。

（2）通过发问和互动，帮助学员探索其他人的想法。

① 从利益相关人的视角思考：你的领导会怎么看？你的客户会怎么看？

② 从榜样的视角思考：你欣赏和崇拜的人如果遇到这种情境会怎么看？

③ 从未来的视角思考：未来的你会怎么看？

（3）通过提问，帮助学员从新的、更广的视角重新看待当前的问题；

① 阳台视角。

② 树顶视角。

③ 直升机视角。

（4）通过提问，帮助学员想象未来成功后的画面，帮助他探索未来的可能性。

（5）通过提问，帮助学员探索什么会真正阻碍他们的改变和成长。

（6）通过提问，帮助学员反思已经发生的体验。如果想要通过经验帮助自己学习和成长，意味着该如何改变？

帮助学员超越他们目前的思维深度去探索他们真正想要的目标

这个目标指的是学员的学习目标以及他们自己真正想要提升的方面。通常学员在开始阶段将目标定为在结果（What）和过程（How）中取得收获。而教练型培训师可以通过提问，邀请学员探索源头（Why），即思索结果→过程→源头整个过程。

环节安排建议：

（1）帮助学员确切地描述他们所渴望的目标。

（2）通过提问，帮助学员探索甚至超越目前的思维深度，即从结果和过程探索到源头。

（3）邀请学员将希望实现的短期目标进行扩大或拓展。

（4）邀请学员将长期目标分解成若干阶段性的目标。

◎ 以开放式问题为主，一次一个问题，为学员留出思考的时间

问题可以分为开放式问题和封闭式问题。

封闭式问题通常通过是或否二选一的方式进行回应。开放式问题可以启发学员思考，并帮助学员超越原有思维进行探索。

不建议问题过长或一次提问过多。当多个问题同时出现时，学员通常只会将注意力放在其中一个问题上。

开放式问题的目的是启发学员思考，所以需要给学员留出思考的空间和时间。

环节安排建议：

（1）开放式问题通常以"什么""谁""为什么""如何"等词语开始，不能简单回答"是"或"否"。

（2）要让学员感觉问题有创意，并且愿意参与场域对话。

（3）问题尽可能简短，不用做过多解释。

（4）可以使用封闭式问题进行确认和总结。

① 你是这个意思吗？

② 相比之前提到的，你真正在意的是这个点，是吗？

（5）问题可以基于主动聆听所听到的内容进行。

提问方式采用学员的语言以及学员的学习风格和信仰准则等

此关键行为要求培训师能有效地主动聆听。之前我们提到过学员的学习风格，这里我们需要使用适宜学员学习的方式对学员提问，邀请学员回应我们的问题。如果学员不是视觉优先的风格，当要求学员不断描述画面时就会使学员感到为难。

环节安排建议:

(1)观察并且使用学员的风格,向学员提问。

(2)引用学员之前所说的话,向学员提问。

(3)避免使用引起学员文化和信仰冲突的词语以及对学员有挑战性的提问。

发问不是引导性的,不隐含结论或指示

有效发问不是指声音大,而是指能启发学员思考,所以发问不是引领性的。在有效发问时,我们可以不问封闭式问题,也不引导学员进入权威主导场域中。当使用引导式提问时,我们还是希望学员能够接受和接纳培训师作为权威提供的信息和内容。

环节安排建议:

(1)发问尽可能较少地使用描述性的语句和引导性的封闭式问题。

(2)在提问前,觉察自己是否有期待的答案。

(3)接受学员回应的内容不一定是我们期待的答案。

(4)运用提问探索学员的内心感受,帮助他们了解真正

的未知。

随着不断进行有效发问，我们下意识会优化我们的提问能力，开始提出唤起生命体的问题，这将使学员进入深层次的探询，将整合他们的过去、现在和未来，激发他们内在的潜能，达到理想的状态。

培训师和教练的区别

教练通常提出启发性的问题，学员完全没有自己的观点。而培训师在一些情景中是可以引导学员的，也可以在一些框架内启发学员进行思考。

教练型培训师需要学会切换各种场域，根据学员和客户的学习目标完成培训，而不是只用一种方式进行培训。

直接沟通

直接沟通是所有教练最难展现的核心能力，很多新手很难分辨直接沟通和分享观点、引导之间的区别。

很好地展现直接沟通能力，意味着在当下保持主动聆听的状态。直接沟通是基于当下场域，聆听学员内在的声音，通过直接表达，或者通过直觉接收的信息与对方互动。

教练型培训师要掌握好这种能力首先需要具备一些语言表达基础。这些基础包括：

（1）幽默感。

（2）使用学员的语言风格。

（3）比喻和隐喻。

（4）确认和总结。

（5）匹配学员的能量状态。

引导性语句与直接沟通语句

区别引导性语句和直接沟通语句并不难。引导性语句中通常会带有"应该"这样的词，其核心内容往往来自培训师自己过去的经验；而直接沟通语句来自场域中学员呈现出来的状态，其被教练型培训师捕捉到，通过回放或者提问等方式与学员沟通，目的是帮助学员对自己有更深刻的理解，进入更深层次的探索。

下面是这种能力的定义和关键行为。

⊚ 能力定义

在对话时，有效地沟通，并使用对学员学习产生积极影响的语言。

关键行为

（1）为学员分享创造性的观察方式、洞见和感受，但不坚持自己是正确的。

（2）培训师的语言清晰、准确，并使用与学员同风格的语言。

（3）互动时留给学员更多的发言时间，通常不打断学员的发言。

⊚ 为学员分享创造性的观察方式、洞见和感受，但不坚持自己是正确的

这种关键行为的核心在于帮助学员进行创新性学习，这意味着培训师在直接沟通时要有助于推动学习的进程，帮助学员更深入地了解他们自己的处境，进而获得全新的领悟和观点。

要做到这一点，培训师需要打开自己的内在直觉。不是单单试图分析学员的处境，分析自己过去的经验，而是

通过直觉，对学员和场域做出最有力的推进行为。

环节安排建议：

（1）通过挑战拓展学员对他们自己的处境以及他们想要实现的目标的思考。

（2）沟通的内容不仅是重复学员所说的话，还要捕捉那些会帮助学员学习和前进的内容。

（3）沟通之后留出时间让学员提问，或进行内在消化。

（4）沟通的内容只代表一种可能性，不需要坚持自己是正确的。

（5）能够坦然甚至欣喜地接受学员的不同意见，同时对学员的回应感兴趣。

⚲ 培训师的语言清晰、准确，并使用与学员同风格的语言

这种关键行为的完成在很大程度上依赖于主动聆听，即培训师听学员在说什么，并且使用清晰、准确的语言以及与其同风格的语言进行互动。

这里会考验培训师是否真的需要了解学员在说什么。

例如，当学员说隐喻时，培训师是花时间探索学员所说的隐喻背后的内容，还是就这个隐喻直接和学员进行交流。

如果猜测隐喻背后的含义，可能就意味着培训师在用过去的经验。

需要注意的是，培训师的用词需要和学员的用词保持一致。要做到这一点有时是不容易的。即便在本书中，也存在一些在我们的日常生活中不使用的词语。

《道德经》开篇曰：道可道，非常道。意思是，越接近内在源头，越容易发现培训师的词汇的匮乏。教练型培训师的一个重要工作是，能够将较为生涩甚至晦涩的词用比较简单易懂的、与学员一致的语言风格表达出来。

环节安排建议：

（1）对培训师发表的评论，学员容易理解。

（2）学习和吸纳与学员对话中使用的措辞。

（3）能够接近学员说话的节奏，或者符合学员说话的习惯。

（4）直接沟通中语言应简洁准确，表达清晰。

互动时留给学员更多的发言时间，通常不打断学员的发言

培训师在与学员互动时需要留给学员更多的时间和空间。

如果没有特殊情况，培训师不要打断学员的发言。

什么时候可以打断呢？当一位学员发言的同时，培训师要感知场域，如果留意到大家对这位学员提出的问题或者分享没有兴趣了，就要打断该学员的发言。

环节安排建议：

（1）互动时，培训师说话的时间应少于学员说话的时间。

（2）当学员提出比较简单的问题时，培训师可通过探询进行追问。

（3）除了常规的问答环节，还可以设置一些让学员分享自己心得的发言环节。

（4）如果需要打断学员的发言，请讲出相应的理由。

↗ 激发学员觉察意识

激发学员觉察意识来源于之前的三种能力：主动聆听、有效发问和直接沟通。通过这三种能力，培训师可以帮助学员发现其内在的盲点，从而产生对自己的新感知。

如果一个人的限制性信念（其之前经历造成的固化行为或思维模式）被指出，就可能使他产生深刻的觉察意识，从而帮助他去重新看待问题。

如果学员一直处于权威式聆听或差异式聆听状态，那么从培训师那里获取的是自己原本就已经知道的信息。这对于学员调整内在状态是有利的，但对于学习和成长可能是无效的。

正如之前提到的，下课了，学员对培训师说："老师，您讲得真好，都讲到我心里去了。"这句话背后的可能性是：我听到了我想听到的，我听到了我已经知道的，我从老师的口中听到了我自己内心的想法，验证了我是对的。

下面介绍激发学员觉察意识这种能力的定义和关键行为。

能力定义

整合并准确评估多种来源的信息，以帮助学员获得新认知，从而实现之前达成一致的学习目标。

关键行为

（1）鼓励学员陈述和探索所获得的新的认知和理解。

（2）分享对学员的观察和感受，并捕捉学员更多的信息。

（3）鼓励学员思考，如何从学习过程中获得新的认知。

鼓励学员陈述和探索所获得的新的认知和理解

这种关键行为要求培训师在学习层面上探索学员及其所处的环境，请学员表达新的学习收获。

对应课程开始时的Check In活动，在培训课程的收尾环节也可以安排一个活动：Check Out。

Check Out

这个活动会让每个人自我反思在学习中的新收获，然后与其他人进行一些交流和互动，相互学习，最后与大家

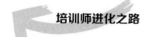
一起分享和总结学习的过程。

活动的整体设计是从第一人称视角的学习——我与自己，到从第二人称视角的学习——我和他人，再到第三人称视角的学习——我和理论的关系。

通过这个活动，学员能够将学习到的内容真正转变为自己的知识，并产生觉察力，从而得以改变自我。

环节安排建议：

（1）课程结束时询问学员的学习收获。

（2）章节或单元结束时询问学员的学习收获。

（3）互动结束时询问学员的学习收获。

（4）兼顾学员的处境和学员的内在。

（5）询问学员：学习会如何影响你的未来行为和看待世界的方式？

分享对学员的观察和感受，并捕捉学员更多的信息

此关键行为是指教练型培训师通过直接沟通的方式帮助学员发现盲点，并使其产生觉察意识。这里需要注意的

是，直接沟通基于培训师对学员在课堂中的发言和表现，而不是培训师过去的经验和分析判断。

这里不仅要反馈培训师观察和感知到的，更要让学员提供更多新信息帮助其进行探索，产生觉察意识。

环节安排建议：

（1）回放并确认学员自己忽视的措辞、情绪、行为和信念。

（2）请学员反馈他们在课堂上觉察到的彼此的盲点。

（3）通过设置的特别活动让学员在场域这个大生命体中发现集体的盲点。

鼓励学员思考，如何从学习过程中获得新的认知

此关键行为是关于学以致用的，即所有的学习和收获都要付之于应用。

学习知识如果不加以实践和应用，就很容易陷入看谁都不顺眼，总用新的标准评判别人，而这不是学习的目的。培训师要鼓励学员思考如何将所学加以运用。

思考和觉察意识与行动和改变不同，其两相循环才能帮助一个人真正成长。

环节安排建议：

（1）请学员思考如何将所学应用于自我发展。

（2）请学员思考如何将所学应用于实际。

（3）请学员理解人的任何改变都可以应用到工作和生活的各个方面。

促进学员成长

在国际教练联合会过去版本的教练核心能力中，此能力是由三种能力组成的，分别是设计行动、计划和设定目标、管理进展和责任。在2019年版本中，教练新核心能力被合并成另一种能力——促进学员成长。

培训师帮助学员制订行动计划并跟进，包括批改作业等，在以往的培训和学习项目中是不受大家欢迎的。

这么做的目的是为了促进学员的学习和成长，是培训的真正目标。教练型培训师的第四个职责就是赋能行为的改变。

下面介绍这种能力的定义和关键行为。

能力定义

与学员一起，将学习的知识转化到应用中，在学习过程中提升学员的自主性。

关键行为

（1）与学员一起设定目标、行动计划和问责方式，整合和扩展新的学习内容。

（2）认可并支持学员自主设定目标、行动计划和问责方式。

（3）支持学员获得的成果，从确定的行动计划中学习。

（4）鼓励学员思考如何取得进展，包括利用资源、获得支持和克服潜在障碍等。

（5）庆祝学员取得的进步或成果。

⊚ 与学员一起设定目标、行动计划和问责方式，整合和扩展新的学习内容

此关键行为的第一个要点是和学员一起，这意味着培训师不再是学习管理者，要让学员对他自己的学习承担主要责任。

培训师可以和学员共同设定目标、行动计划和相关的问责方式。在这个过程中，学员所做的一切完全为了自己的学习和成长，并要为此承担主要责任。

重要的是，设定目标、行动计划和问责方式服务于学员自身的学习，这意味着这一系列行为是在整合和扩展学员的学习内容。

环节安排建议：

（1）强调学习和自主之间的关系。

（2）设计工具和表格帮助学员完成学习后的目标设定、行动计划和问责方式。

（3）通过现场模拟练习帮助学员树立学习后应用新技能的自信心。

（4）提醒学员设置难易度较为合适的目标。

⊙ 认可并支持学员自主设定目标、行动计划和问责方式

当充分相信学员自主性的时候，培训师就进入了认可并支持学员自主设定目标、行动计划和问责方式的场域。

当培训由第三方付费时，如企业付费，员工参加培训，培训师可以支持学员设定相关的目标、行动计划和问责方式，并由他们自己和企业管理层进行沟通。

自主是每个人内在渴望的权利，如果学员失去自主性，就会使其对权威者产生依赖，就会使其不愿意为自身的学习承担主要责任。当学习进展不如意的时候，学员也更容易寻找借口责怪他人。

环节安排建议：

（1）鼓励学员用创意和更符合自身情况的方法来设定学习后的目标、行动计划和问责方式。

（2）认可学员在学以致用上付出的努力。

（3）询问学员如何让他们对自己的承诺负责。

（4）在课堂中通过询问与反馈，将对学员的感受分享给学员，支持学员做出最适合的决策。

⊙ 支持学员获得的成果，从确定的行动计划中学习

基于行动的学习有三类。

（1）第一类：行动后不反思，也不接受反馈，几乎没有收获新知识。

（2）第二类：行动后反思，属于阶段性学习，类似于下完棋后的复盘。

（3）第三类：行动中反思，通过当下的觉察不断地反思与再学习，及时调整接下来的行动。

相比第二类，第三类学习的更新速度更快，同时对人的自我反思和觉察能力要求更高，更需要放下自我。第三类学习是教练型培训师需要发展的方向。

此关键行为可以支持学员进入第二类学习中。培训师可以请学员实施和应用所学，在某些时候停下来反思和复习学过的知识。

环节安排建议：

（1）帮助学员明确在哪些时间节点会看到阶段性成果和最终成果。

（2）请学员在每个阶段性成果的时间节点停下来，反思学习的收获。

（3）请学员思考课堂上所学是否能为工作和生活带来帮助。

⊚ 鼓励学员思考如何取得进展，包括利用资源、获得支持和克服潜在障碍等

这个行为可以检验学员是否真的在改变并取得了进展，也可以检验学员行动的意愿和投入的程度。

为了帮助学员将理论思维层面的学习转变为实际行动，进而实现他们真正的目标，培训师可以让学员思考是如何取得进展的，包括所利用的资源、获得的支持和克服的潜在障碍等。

通过问题，培训师帮助学员看清学习中的潜在障碍，并事先将它剔除。例如，有什么可能阻碍你的进步？

环节安排建议：

（1）请学员从多方面思考他们的行动，包括动机、需要的支持、现在的障碍、衡量进展的标准等。

（2）询问学员看到自己的行动计划之后内在的感受和情绪。

📍 庆祝学员取得的进步或成果

有些人觉得庆祝活动没有太大的必要。事实上，庆祝学员取得进步和成果能够让学员从身体和情绪等层面也去接纳学习的内容，从而进步和成长。

如果能够很好地为学员进行仪式感的庆祝，培训师就能帮助学员将所学内容通过情绪写入其长期记忆中，促进其持续成长。

环节安排建议：

（1）在学习结束时设计庆祝活动，帮助学员看到通过学习取得的进步和成果。

（2）在长期的学习项目中，每个阶段都应留出时间帮助学员看到他们的进步并给予庆祝。

（3）鼓励学员自己设定一些庆祝活动，以庆祝因学习发生的改变及取得的期望成果。

↗ 总结

　　至此，大家应该发现教练的核心能力实际上是交织在一起的，并且是相互影响和支持的。要想成为教练型培训师，将教练的各种核心能力应用在培训中，就要将各种能力和关键行为整合在一起，作为整体应用于学员的培训中。

第六章

课程结构设计

本章将通过探讨课程结构设计，帮助教练型培训师在学习场域的生命体——设计流程与规则上做文章。

同普通培训师与引导师课程不同的是，教练型培训师的课程是服务于场域的，即学员与培训师共同形成的大生命体。与普通培训最大的不同是，教练型培训师的培训模式是"混序"的，而不是"秩序"的。这意味着即便课程都提前设计好，培训师也要根据学员和场域进行调整。

混序是指融合了秩序和混乱的特点的培训模式，意味着培训师需要突破第一种学习场域——权威主导，它代表的是秩序；也要突破第二种学习场域——各抒己见，它代表的是混乱。

培训师需要充满信心，通过之前提到的教练型培训师的核心能力，实践如何平衡混乱和秩序。

下面介绍几种流程和模型，帮助大家更好地进行实践。它们分别是课程设计六步法、世界咖啡、开放空间等。

课程设计六步法

这套基于行为改变的培训流程总体上有六个步骤，如图6-1所示。每个步骤都有其学习方法，可以持续地训练内容与行为方面的技巧。

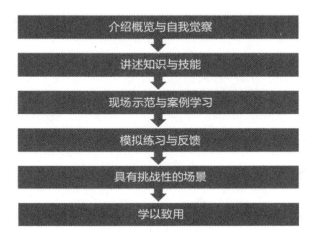

图6-1　课程设计六步法

📍 介绍概览与自我觉察

该步通常在课程的开始，目的是吸引学员的注意力，提升学员的自我觉察力和认知力，从而提升学习的投入状态。

常用的教学手段：

（1）开场视频（如找问题的录像）。

（2）开场故事。

（3）Check In活动。

（4）沙盘模拟游戏。

（5）自我评估。

（6）小组建设与当下困境讨论。

📍 讲述知识与技能

该步呈现的内容通常称为课程的干货，传递课程的核心内容，即学员需要学习的要点。注意，需要通过一些活动让学员学习、复制和演练。

该步的内容很重要，但不要占据课程太多时间。建议至少留出一半的时间做课程后续的学习和演练。

常用的教学手段：

（1）直接授课。

（2）小组研讨。

（3）课程阅读。

（4）翻转课堂。

（5）现场测试。

（6）辩论赛。

📍 现场示范与案例学习

在学习过程中非常重要的部分是向他人学习。在该步培训师可以通过现场示范，或者用事先准备好的案例进行教学。

注意，现场示范教学会有一定的难度，需要培训师具备一定的专业能力。

常用的教学手段：

（1）示范正面录像。

（2）分享巅峰故事。

（3）现场真实案例演练或示范。

（4）最佳实践案例分析与学习。

（5）小组案例研讨。

📍 模拟练习与反馈

学习新的技能不是一蹴而就的。常见的现象是，人们刚开始应用新的技能时可能会遇到一些困难，内心会产生些顾虑，就会想放弃。如果在课堂上学员有模拟练习的机会，并会得到针对性的反馈，那么会对学员的工作与生活带来帮助。

常用的教学手段：

（1）分组练习（各自分工轮流练习并有人担任观察员进行反馈）。

（2）给定场景角色扮演。

（3）真实场景模拟练习。

（4）其他方式，例如，如果是你，你会怎么做？

具有挑战性的场景

该步是在学员进行常规模拟训练之后进行的。在这个步骤中，培训师要关注学员的自尊心，同时要鼓励学员勇于迎接挑战，这样学员才能在工作和生活中有信心地应用所学。

常用的教学手段：

（1）真实工作场景模拟。

（2）培训师参与扮演。

（3）遭遇挑战（无准备互动）。

（4）学员进行相互挑战性模拟。

学以致用

该步通常在培训结束时，通过活动和建议及工具支持学员加以应用。注意，请为该步留出足够的时间，一定要避免前面步骤占用过多时间导致后面快速收尾或跳过学以致用这一步。

常用的教学手段：

（1）讲收尾故事。

（2）结合自身真实情景，制订行动计划。

（3）给出与前面练习一致的空白应用表单和工具。

（4）辅助记忆工具（将核心内容缩写在一页纸上）。

（5）表达鼓励，获得承诺。

（6）布置作业/承诺书（勿强制）。

（7）组建学习小组。

世界咖啡

世界咖啡是教学中非常好用的一个工具，它通过让大家围绕着工作或生活中的重要话题进行交流，从而创造出一种流动性的场域。

实际上，大家并不需要真喝咖啡，而要呈现一种在咖啡桌旁谈话的感觉。

世界咖啡的目的（思维体）

在学习和培训中，如果能够让大的集体和小的集体之间进行互动，对进入真诚探询场域和生存进化场域特别有帮助。

世界咖啡适用于各种学习场景，如相互学习、建立关系、深度分享、头脑风暴、问题探索等。

⚲ 世界咖啡的原则与假设（情绪体）

（1）营造一种类似咖啡馆那样舒适和愉悦的场域。

（2）探讨的问题是重要的且与大家相关。

（3）鼓励每个人献计献策，将不同的观点、思想，以及人与人连接在一起。

（4）通过主动聆听彼此、开放式问题，相互间进行探询和深入交流。

（5）相信集体的智慧大于某个权威者。

（6）参与者拥有并可以获得所需的知识和智慧。

（7）当场域的多样性呈现出来的时候，集体的智慧就会生成。

世界咖啡的流程（生物体）

每桌周围坐四五个人，其中有一位是主持人，负责确定每桌的主题。每桌的主题可以相同，也可以不同。

设定几轮谈话，每轮谈话20分钟左右，一般有几桌就设定几轮。

第一轮谈话在本桌内进行，然后本桌的主持人留下，其他成员轮换到其他桌进行交流学习并传播想法。

留守本桌的主持人，将每轮讨论的重要见解、洞察、想法分享给本桌其他成员，同时要求新成员补充和讨论。

完成各轮交流后，留出一些时间进行总结和分享。

世界咖啡需要的硬件（物质体）

能够坐四五个人的桌子，最好是圆桌。

每桌有一个白板架或者将大张纸铺在桌面上。

多种颜色的记号笔、蜡笔、铅笔等。

一些关于世界咖啡原则的海报。

开放空间

开放空间的提出，是因为有时人们在会议茶歇时交流的内容会比参加会议对他们的实际工作更有帮助。开放空间可以用在10~1000人的活动中，灵活性特别高。

开放空间的目的（思维体）

就参与者关心的问题继续进行创造性的交流，从而形成一个场域。

通常会给学习带来关于个人和团体的经验，帮助场域"集体"聆听"集体"。

开放空间可以用在各种话题的交流活动中，包括制定战略、探索未来、解决冲突、鼓舞士气、深入了解问题与观点、创新创造等。

开发空间讨论的内容均是参与者真正关心的话题。话题可以由权威者制定，也可以由参与者自行制定。参与者的多样性影响交流的质量。讨论中可以出现各种状况，包括冷场和冲突。

开放空间的原则（情绪体）

（1）来的人都是对的。

（2）无论发生什么，都是当下可以发生的唯一结果。

（3）可以从任何时候开始。

（4）该结束就结束。

双脚定律

如果发现自己处于不能发挥作用也不能学习的情况下，就去你能够发挥作用或者能学习知识的地方。

开放空间的通用流程（生物体）

（1）参与者围坐之后，主持人对参与者表示欢迎。

（2）主持人请有话题的人在纸上将话题写下来，这些人称为召集人。

（3）召集人将话题贴在公告板或墙上，并写下在什么时间和什么地点开会。

（4）所有参与者观察并记录下希望参加的话题的时间和地点。

（5）交流期间召集人可以和大家互动并收集大家的想法，然后汇总给集体。

（6）交流结束之后，所有人聚在一起将交流中总结的要点和涌现的想法或观点分享给大家。

⊙ 开放空间所需的材料（物质体）

（1）为学员准备好椅子，可以摆成一个圈。

（2）为每个主题讨论的区域进行编号，或设定边界。

（3）准备一个大白板或一面墙供大家张贴会议主题和时间。

（4）为每个主题小会场提供纸张、记号笔等。

（5）将开放空间的原则、定律等写在海报上。

第七章

持续进化之路

教练型培训师不仅是一种职业和称呼，更是一种心智模式。

本章将请培训师将注意力回到自己身上，从状态（Being）和行为（Doing）两个方面来探讨教练型培训师的持续进化之路。

体现教练型培训师的心智模式

在国际教练联合会发布的核心能力二"体现教练心智模式"（Embodies a Coaching Mindset）中，强调了培训师自身同样需要不断地进化和成长。Embody这个词目前尚未有统一的翻译，可以先称为体现或者具身。具身认知目前是心理学一个新兴的研究领域。

本书用"体现"这个词，指的是教练型培训师需要将思维体、情绪体、生物体和物质体合为一体。

能力定义

培养并保持开放、好奇、灵活，且以学员和场域为中心的状态。

关键行为

（1）让学员意识到要自我负责。

（2）教练型培训师也要持续学习和成长。

① 反思过去的经验和进步。

② 关注未来的发展。

（3）对环境和文化的影响保持有意识和开放的态度。

（4）精通情绪能力。

（5）为课程做好全面的准备。

（6）必要时，寻求外部资源的帮助。

⊙ 让学员意识到要自我负责

作为教练型培训师，我们应鼓励学员，使其意识层次不断提升。培训师很容易使学员过于依赖他们。当往导师方向转换的时候，培训师会让学员不由自主地依赖导师。这样做的优点是，学员跟导师的关系会变得很好；缺点是，当学员习惯依赖除自己以外的人和资源的时候，就不愿意为自己的行为承担主要责任。

学员在权威性的场域中，会习惯性地向权威者要答案：找领导，找外部咨询顾问，找导师。

教练型培训师的核心特点是其能够看到人是自主的个体，能够帮助学员意识到，自己应该对自己的行为负主要责任。他们的目标是让学员意识到在学习上自我负责是非常重要的。

遗憾的是，在常规的培训课堂上，培训师会使用一些外部驱动方式，如给予一些小奖励、发扑克牌、课后催收作业等，尤其是被动参加学习的学员，他们的学习都是被动的。

学员不愿意承担责任，还有一个原因，即当事情进展不顺利的时候，方便找理由和借口推卸责任。此种情况甚至使得培训体系已经发展成评判系统，而不是自我负责系统。

例如，企业中评价某个课程好不好，是通过让学员给培训师打分，让学员觉得培训师讲得合不合意。然而这种做法会促成学员成为课堂的"裁判员"，而不是"参与者"。这样一来，学员听的课越多，评判的就越多，但不能真正地让学员为自己的学习成果承担责任。

事实上，学习和成长应是每个人内在的渴望，需要自己负主要责任，甚至全部责任。

在这一点上教练型培训师需要调整意识，让每位学员相信未来是由自己创造的。

环节安排建议：

（1）帮助学员觉察到学习对其自身的工作和生活带来的益处。

（2）尊重每位学员在学习方面的选择，可以用任何方式回应课堂上的内容。

（3）学员自行负责其学习，制订学习后的应用计划，并不强制学员分享及检查其执行情况。

（4）帮助学员理解他们的未来是由他们自己创造的。

教练型培训师也要持续学习和成长

教练型培训师不仅在从事教育、启发他人的工作，也要展现出自我的学习状态，为自己制订持续的学习目标和成长计划。

同时，教练型培训师还要在课堂上展现出持续学习和成长的意愿，这并不是指对学员介绍自己参加过多少课程，而是指在跟学员互动的过程中，那个当下就是学习的机会。在这个过程中，教练型培训师在学员面前要表现出学习的好奇心、开放的心态，以及尊重多样性的心理。

本质上，学习有两个源头：

（1）反思过去的经验和进步。

（2）关注未来的发展。

反思过去的经验和进步

行动、观察、反思、计划、再行动，这个过程称为反思过去的经验和进步（见图7-1）。

图7-1　反思过去的经验和进步

在工作中，年度规划、财务报表与绩效评估这些循环通常是以年或季度为单位来运作，是不断反思、学习和成长的过程。

对部门和项目的工作要通过周或月度例会的形式进行总结经验和反思。

学生在学校里通过考试——月考、期中考、期末考等方式，帮助学生进行反思并进步。

如果以天为单位进行循环，我们会发现工作中每天的早会、学生的每日作业、培训课程结束时的回顾，都会帮助我们学习和成长。

这种循环越快，学习的质量、效率等各方面就越有提升。有没有可能在更短的时间内进行这种学习的循环呢？

有些机会可以让我们进入以分钟甚至以秒为单位的反思和学习中。

如扑克牌、棋类、电子类游戏等，这些流传深远的游戏作品，看似在耽误大家的学习和生活，实则是在帮助参与者训练对过去经验的反思。

如果有人问我：玩游戏到底有什么好处？那些游戏玩得比较好的人，其实是在不断地训练这种学习方式，这意味着其在不断进行充分的训练，是一种特殊的学习方式。

而且，如果能够快速在某种循环过程中得到积极的反馈，大家就会沉迷于"学习"。

各类游戏高手都在有意或无意间实施着这一过程——行动、观察、反思、计划、再行动。

值得一提的是，一些软件将这种方法用在人工智能的算法中，通过不断推送内容、观察用户行为、调整推送内容，开始学习和总结用户的习惯与偏好，从而达到保持用户黏性的目的。

教练型培训师可以将这种学习方式用在每次课程上，在每次课程结束后，就对这次课程进行反思，然后下次做出调整，通过不断循环去更新课程的内容和方式。

卓越的教练型培训师不但在一次课程结束之后进行反思和学习，而且在课程的进展过程中，随着场域的变化，不断地观察、反思和调整课程的节奏，即在每种场域中都能塑造出独特的课程。因为学员和场域的不同，原先计划好的课程会随着与学员的互动、与场域的进展快速做出调整，这样才能更好地呈现和互动教学内容，达到最佳的教学目的。这是教练型培训师的一大显著特色，就像一位优秀教练进行对话时，并没有所谓的问题大纲一样。

教练是根据每次互动后对方的反应，进行当下的觉察和反思，然后再感知，提出下一个问题。

所以，当对过去学习的循环时间越来越短、循环越来越快时，我们就接近第二个学习源头——关注未来的发展。

关注未来的发展

这个理论来自《U型理论》。其核心是学习不仅可通过反思过去，还可通过感知当下、关注未来的发展而得到。

这种学习将用到我们的情绪体。第一个学习源头主要是思维体。第二个学习源头主要是情绪体。感知的力量跟直觉有关，我们可以感知当下，并用直觉帮助我们做出最可能的行为判断。

关注未来的发展需要我们感知每个当下，对此《U型理论》中使用的词是"自然流现"。

作为教练型培训师，当开始进入以场域为中心的状态时，你会接收到场域中的一些信息，场域环境使你说出一些你之前没有准备过的内容，这就是自然流现。如果有过这样的体验，那么恭喜你，这就是感知正在生成的未来的能力，即第二个学习源头。

这两个学习源头并不矛盾，反思过去的经验和进步，是从过去到当下的学习；关注未来的发展是从未来到当下的学习。当这两个学习源头在当下汇聚的时候，就会有美妙和神奇的事情发生，同时也是生命的思维体和情绪体在当下的交汇。

环节安排建议：

（1）为每一门课程准备一个笔记本，每完成一门课程，就将反思和对下一次的调整记录下来。

（2）通过持续的与身体有关的训练（如瑜伽、太极等），提高感知和直觉能力。

（3）觉察内在感知的涌现，避免思维体与情绪体发生冲突。

（4）对思维体和情绪体进行整合。

⊙ 对环境和文化的影响保持有意识和开放的态度

此关键行为中的核心在于，有意识和开放的态度。有意识意味着我们需要对环境和文化影响产生觉察。

之前提到的强制性说服，即如果长期处于一种单向、频繁、重复的环境和文化中，慢慢地大家就会形成"这是对的"的思维观念。

当有意识地注意环境和文化的影响时，我们就会保持开放的态度。

保持开放的态度就会理解他人和自己是不一样的。因为大家所处的环境、文化以及成长经历不同，都会觉得自己是对的。如果培训师不能理解学员的想法，就很难真正保持开放的态度。唯有放下"我是对的"，开放地觉察自己，不自觉地受环境和文化影响，才能真正地理解自己和他人。

环节安排建议：

（1）探询自己受过哪些环境和文化的影响。

（2）课程前对学员所处的环境与文化做一些了解。

（3）当发现别人的思维或行为习惯和自己不同的时候，将之视为学习的好机会。

精通情绪能力

关于情绪能力，可以单独写本书。作为教练型培训师，如果想要关注学员的情绪、与学员的情绪相处，那么首先要精通情绪能力。

情绪能力在教育环境中较少被提及，大多数人对情绪的理解甚至基于过去的理论和观念。非常多的人已经习惯于压抑乃至忽略自己的情绪。

情绪能力是关于如何觉察、探询、调整情绪能量，从而自如地和情绪能量相处的能力。当能够很好地跟情绪相处时，我们就能够更好地成长、改变，并激发潜能；当不能很好地跟情绪相处时，我们可能会抗拒、停滞甚至拒绝成长。情绪是我们成长和采取行动的关键因素。

笛卡尔在300多年前提出"我思故我在"，强调了思维体和我们存在的关系，但这句话忽视了情绪体和我们存在的关系。

如果我们忽视了情绪，就意味着我们忽视了生命的存在。

王阳明在500多年前的《传习录——答顾东桥书》中指出："不可外心以求仁，不可外心以求义，独可外心以求理乎？外心以求理，此知行之所以二也。求理于吾心，此圣门知行合一之教。"

这段文字表达的是：忽略情绪影响知行合一，探索和

运用情绪带来知行合一。所以我将"我思故我在"改成
"我感受，我思考，所以我存在"。再次强调，忽略情绪
在学习知识方面上是没有帮助的。

精通情绪能力确实是一个比较大的话题，同时也是我
们持续学习、成长和进化的关键因素。情绪体在生命的四
层中处于承上启下的一层，向上承接"思维体"，向下承
接"物质体"，所以其是每个生命体整合行动的重要中间
环节。

如何精通情绪能力

培养自己的情绪能力有以下几个步骤：

（1）觉察身体的反应。

（2）关注情绪，接纳情绪的存在。

（3）探索情绪的触发点。

（4）满足或放下情绪触发心。

（5）转化情绪能量。

觉察身体的反应

情绪通常是受外部刺激触发出来的。当受到外部刺激

的时候，人体会出现一些反应，即情绪，它能清晰地提醒我们感知我们处于情绪之中。

大家可以思考一下：

（1）当愤怒的时候，你的身体会出现什么样的反应？

（2）当恐惧的时候，你的身体会出现什么样的反应？

（3）当兴奋的时候，你的身体会出现什么样的反应？

反思和觉察自己身体的反应，可以帮助我们快速感知自己当下处于什么样的情绪中。

关注情绪，接纳情绪的存在

情绪没有好坏，它就是一种能量。情绪就像哭闹的小孩，需要被关注。

如果想真正地用好情绪这种能量，就要关注它，接纳它的存在。当被接纳之后，情绪能量就会流动起来。

探索情绪的触发点

如果不知道究竟是什么触发的情绪，那么接纳情绪也只能暂时缓解症状，会进入一个反复循环的状态，从而做出一些不理性的甚至让我们自己后悔的行为。所以探索什么真正触发我们的情绪，至关重要。

触发通常指的是别人或外部环境没有提供给我们需要的，进而引发强烈的情绪。触发我们情绪的最根本的两个原因，被称为大头症和小头症。它们都来自我们的自我。

大头症是指，我比你强，我是对的，你应该听我的。

当"我是对的"受到挑战时，它会以包装出来的情绪触发点的样子呈现在大家面前：我认为我没有受到重视，我认为这不公平，我认为这不对，我没有被尊重，我感觉到失控，对方跟我三观不合等。如果出现这些症状，就有可能触发情绪，如愤怒、沮丧、抱怨、郁闷等。

小头症是指，我比不上你，我不配拥有。

小头症同样会有一些延伸的情绪触发点：我需要被接纳，我需要被理解，我需要被关注，我需要被认可，我很在意别人如何看待我，他人给我的肯定和表扬对我很重要等。

造成"大头"和"小头"的原因可以追溯到人们成长的较早期。这里我们就不做更多分析，只通过症状帮助大家理解，触发情绪的核心是这两者。

满足或放下情绪触发点

当发现这些触发点后，请接纳自己内在的样子。指责自己内在的需求对具有精通情绪能力是没有帮助的，只会带来内在的分裂。

满足或放下情绪触发点有两种方法，一种是寻找自己可控的方式满足它。如果它被满足的次数足够多，我们就不会因别人不满足自己而触发强烈的情绪。

另一种是放下它。如果目前没有办法可以满足它，就试着放下它，可以通过冥想、正念等训练来达到这个目的。

转化情绪能量

转化情绪能量意味着当觉察、接纳、探索原因并找到情绪触发点之后，我们就可以很容易地将情绪能量进行转化。

大多数受触发的情绪属于生理反应，是被动产生的。有一些情绪是可以主动选择的，称为神经反应情绪。

常见的生理反应情绪是愤怒、害怕、绝望、激动、无助、内疚等，这些情绪其实是我们内在的本能反应，即外部刺激触发产生的情绪。

如果能在外部刺激和自己做出反应的那个当下，进行自我觉察，我们就有可能控制我们的情绪，常见的有轻松、感恩、自信、鼓舞等。这些情绪是可以选择的，这就表示情绪能量已经进行了转化。

有人认为不存在自由，我认为自由是真实存在的。自由在于内心。当受外部刺激时，我们有选择如何应对的自由。如果没有觉察，我们就做不到控制，就会被情绪绑架，从而失去自由。

◎ 为课程做好全面的准备

这一点意味着我们需要在思维体、情绪体、生物体和物质体上都做好准备。

教练型培训师是整合生命四个层次的大师。当四个层次整合得较好时，我们将拥有更强的感知场域的能力。

在人类的历史发展中，各个流派都提到了类似观点。例如：

儒家的三达德：知者不惑，仁者不忧，勇者不惧。

苏菲教的九型：5号、6号、7号为脑区，8号、9号、1号为腹区，2号、3号、4号为心区。

在《绿野仙踪》中，稻草人找脑，铁皮人找心，狮子找勇气等。

这些都告诉我们，人的三大中心——脑、心、腹对应我们的思维体、情绪体和生物体。

过去的教育重点开发的是思维体，而将情绪体、生物体乃至物质体断连，从而形成内在的"熵"。

教练型培训师真正的工作是：内在连接且整合自己的四个层次，活出自我，从而支持学员和场域的生命体四个层次的内在连接和整合。

⊙ 必要时，寻求外部资源的帮助

如果课堂上出现我们回答不了的问题，需要做的是将这些问题记录下来，包括提出问题的人、联系方式等，事后我们需要向外部寻求一些帮助，如导师、专业人士、相关研究文献等。

教学上的另一种向外寻求帮助的方式是向场域中的学员寻求帮助，甚至可以向提出问题的学员学习。这种行为能展现出教练型培训师热爱学习的一面。我们不仅在授课，每一堂课、每一个场域、每一次互动和交流，都是学习的机会，我们可以尽情展现学习的意愿与好奇心。

　　第三种寻求帮助的方式是承认培训和教练并不是万能的。除了培训师与教练，还有很多提供帮助的手段，如心理咨询、商业咨询等均可以使学员学习到新知识。

后 记

本书的内容基本完成了。写作本书的时候，我改了很多次，一方面是因为国际教练联合会正在更新培训师的核心能力以及相应的专业教练的评估标准。另一方面，进化的理念深深影响了我，每次看书稿的时候，我都有推倒重来的冲动。我的体会是，在写作本书的时候，我对于教练型培训师又有了更深刻的理解与看法。

在写作过程中，我也在不断更新、不断进化。对我来说，这既是享受的过程，又是痛苦的过程，最终令我学会了接纳不完美的自己。我的不断进化的内容可以在下一版本或者在我的课程中呈现给大家，同时也欢迎大家给我一些反馈。我相信没有最好，只有更好。下一次一定会更好，这就是进化的力量。

反侵权盗版声明

电子工业出版社依法对本作品享有专有出版权。任何未经权利人书面许可，复制、销售或通过信息网络传播本作品的行为；歪曲、篡改、剽窃本作品的行为，均违反《中华人民共和国著作权法》，其行为人应承担相应的民事责任和行政责任，构成犯罪的，将被依法追究刑事责任。

为了维护市场秩序，保护权利人的合法权益，我社将依法查处和打击侵权盗版的单位和个人。欢迎社会各界人士积极举报侵权盗版行为，本社将奖励举报有功人员，并保证举报人的信息不被泄露。

举报电话：（010）88254396；（010）88258888

传　　真：（010）88254397

E-mail：　dbqq@phei.com.cn

通信地址：北京市万寿路 173 信箱

　　　　　电子工业出版社总编办公室

邮　　编：100036